作文から学
中国語
上

郭 春貴・郭 久美子 著

白帝社

まえがき

大学の中国語授業の前期終了後、それまで習った文法ポイントを復習しないと、忘れてしまい、後期の授業についていけなくなるとよく耳にします。また、授業中は時間がないので、習った文法の総合的な応用練習ができず、なかなか定着しないので、何かサブ教材があったらという声も聞きます。

習った文法ポイントを定着させるのに、作文の練習をたくさんすることは効果的な方法だと思います。テキストにある各課の練習問題は、その課で習った単語や文法ポイントだけで何とかできますが、他の課で学習した文法ポイントを加えて応用させると、意外とできないことに気が付きました。それは応用練習の時間が十分ではないからだと思います。

そこで、授業外でも使える応用練習用の作文のサブ教材があれば、役に立つのではないかと私達は考えました。作文をしながら、基本的な構造を理解して、使いこなせるようになるのではないか。

この『作文から学ぶ中国語』は、まさにこのような願いから作りました。以下のような使い方があると思います。

1. **夏休みや冬休みの宿題**：夏休みや冬休みに、復習用の宿題として使えます。習った文法ポイントの応用練習と同時に、知らない単語を辞書で調べるというのも大事な訓練だと思います。
2. **オンライン授業のサブ教材**：オンラインでは教師から学生へ一方的な授業になりがちですが、本書を課題として使ったり、クラス全体で共有したり、個々の指導に使用すれば、相互的な授業ができると思います。
3. **中級の作文授業用テキスト**：本書は中級クラスの作文授業のテキストとして使えます。1回1～2課で復習しながら、難しい虚詞、補語などを学べます。学生はあらかじめ家で辞書を使って練習問題を解き、授業中に答えを発表させたり、学生同士で答えあわせをさせます。教員は必要な所だけ解説すればよいと思います。

4．**自習用の練習問題集**：学校の授業以外に自分で勉強する時に、復習として文法ポイントと単語の定着に大変役に立つと思います。習っていない単語を辞書で調べることも勉強になります。

5．**独学用の参考書**：独学する時は疑問があっても、解消するのが難しいこともありますが、本書は文法について細かく説明していますので、その疑問に答えることができると思います。巻末に解答例がありますが、最初から見るのではなく、まず自分でやってみてから解答例でチェックしてください。さらに、解答例を日本語や中国語に訳し直してみてください。

各課の構成は２つです。

1．**解説**：１課に１つの文法ポイントです。まず簡潔に説明して、その後に各用法を項目に分けて解説し、例文をあげます。

2．**練習**：4種類の練習問題を設け、理解と基礎の定着を図ります。

①中国語⇒日本語：まず中国語文に慣れるために、中文日訳の問題に取り組みます。

②ピンイン⇒中国語と日本語：初級、中級の段階では、ピンインの読み方と書き方が大変重要です。ピンインを読みながら中文日訳を練習することも大切です。①と合わせて全10問の中文日訳の問題です。

③日本語⇒中国語：中国語文に慣れた後に、日本語から中国語に訳す練習をします。

④誤文を直す問題：日本人が間違いやすい文を直しながら、正しい用法を定着させます。

⑤練習問題にチャレンジした後、巻末の解答例で答えを確認できます。大学でサブ教材として使う時は、学生に「なるべく見ないように」と指示していただければと思います。教員が解答を添削したりする手間を省くことができると思います。

本書は初心者向けの文法書ではなく、少なくとも半年以上学習した人

（大学の前期授業修了程度）を対象としたサブ教材、宿題・自習用の練習問題集、独学用の参考書です。各課の文法ポイントは難易度により配置しましたが、例文や練習問題は復習と発展学習のために、他の課で学習した文法ポイントも入れています。例えば第 1 課“是”に“你的生日”のように“的”（第 27 課）を入れています。第 2 課の“有”に“我有一个哥哥”のように“个”（第 36 課）も入れています。

また、できるだけ基本語彙を使っていますが、新しい単語も加えました。例えば、“微信”（WeChat）、“高铁”（中国の新幹線）、“支付宝”（アリペイ）などです。学習者には辞書やインターネットで調べてもらいたいと思います。

最後に、本書の編集にあたって、白帝社の小原恵子さんと十時真紀さんに多大な応援と協力をいただき、心より感謝いたします。また、多くの先生方からの貴重なアドバイスに厚く御礼申し上げます。今後も、皆様からのご意見、ご教示を賜りたく存じます。ありがとうございます!!

2022 年 8 月 30 日

郭春貴・郭久美子

目　次

4　疑問文

5　構造助詞

6　助動詞

7　数量詞

8　助詞

9　副詞

『作文から学ぶ中国語（上）』学習連絡ノートについて

本書の誤植の訂正や解説の補足を、白帝社ホームページ上の「『作文から学ぶ中国語（上）』学習連絡ノート」でお知らせしています。「白帝社　作文から学ぶ中国語」で検索、または下記サイトにアクセスしてご活用ください。

https://www.hakuteisha.co.jp/news/n49083.html

スマートフォンからアクセスする場合は、QR コードを読み取ってください。

1

常用動詞

第１課

“是”

“是 shì” は「～は…である」という意味で、判断動詞とも言われます。時制がなく、過去や未来のことは、時間詞で表します。否定は“不是 bú shì” だけです。

1 主語＋“是 / 不是”＋名詞 / 名詞句：(～は)…です、…ではありません

① 我是日本人，不是中国人。Wǒ shì Rìběnrén, bú shì Zhōngguórén.
（私は日本人で、中国人ではない）

② 他以前不是汉语老师，是英语老师。
Tā yǐqián bú shì Hànyǔ lǎoshī, shì Yīngyǔ lǎoshī.
（彼は以前中国語の教師だったのではなく、英語の教師だったのです）

2 主語＋“是”＋名詞 / 名詞句＋“吗”？：(～は)…ですか

是非疑問文（yes/no 疑問文）は肯定文の文末に“吗”(…か？）をつけます。返事は“是／不是” を使います。

③ 这个是茉莉花茶吗？ Zhèige shì mòlìhuā chá ma?
（これはジャスミン茶ですか）
—— 是。Shì.（はい）／不是。Bú shì.（いいえ）

④ 那儿是田中的家吗？ Nàr shì Tiánzhōng de jiā ma?
（あそこは田中さんの家ですか）
—— 是。Shì.（はい）／不是。Bú shì.（いいえ）

3 主語＋“不是”＋名詞 / 名詞句＋“吗”？：…ではないの？

否定文の文末に“吗”をつけると、否定疑問文になり、確認、反語、詰問のニュアンスを表します。

⑤ 这个不是你的手机吗？ Zhèige bú shì nǐ de shǒujī ma?
（これはあなたのケータイではないの？）

⑥ 昨天不是你的生日吗？ Zuótiān bú shì nǐ de shēngrì ma?
（昨日はあなたの誕生日ではなかったの？）

4 後ろに動詞と形容詞が置けない

英語の be 動詞に似ていますが、動詞、形容詞の前には置けません。

⑦ 今日は暑いです。
＊今天是很热。
○ 今天很热。Jīntiān hěn rè.

⑧ これは高いです。
＊这个是贵。
○ 这个很贵。Zhèige hěn guì.

練　習

1．次の中国語を日本語に訳してください。

① 他以前是你们的老师吗?

② 下个星期六是二十八日吗?

③ 她不是东京人，是广岛人。

④ 这个是韩国菜，不是中国菜。

⑤ 你不是他哥哥吗?

2．次のピンインを中国語に直し、日本語に訳してください。

① Wǒ bú shì tā dìdi.

② Zhèige bú shì Tiánzhōng de shǒujī ma?

③ Nín shì tāmen de Hànyǔ lǎoshī ma?

④ Nèige chá shì wūlóngchá, bú shì mòlìhuāchá.

⑤ Zhèige cài bú shì wǒ zuò de, shì wǒ mǎi de.

3．次の日本語を中国語に訳してください。

① あれは北京料理ではないの？

② 彼らはアメリカ人ではない。

③ 李先生は中国語の先生ですか。

④ 今日は火曜日で、水曜日ではない。

⑤ このケータイは誰のですか。

4．次の誤文を正しく直してください。

① この料理はおいしい。

＊这个菜是很好吃。

② 昨日は火曜日でした。

＊昨天是星期二了。

③ これは誰の本ですか。

＊这是谁的书吗?

④ この餃子は母が作ったのではない。

＊这个饺子不是我妈妈做。

⑤ 今日は雨です。

＊今天是下雨。

第2課

“有”

“有 yǒu”は「いる、ある、持っている」の意味で、所有と存在を表し、生物、無生物の区別がありません。主語や目的語は名詞か名詞句だけで、目的語は特定ではない人や物です。“那儿有王明”とは言えません。目的語の前に数量詞が必要で、数量詞がないと比較のニュアンスが出ます。過去形がなく、否定は数量詞がいりません。否定の“没有 méiyǒu”は、“有”を省略して、“没 méi”でもいいです（以下各課同様）。

1 主語＋“有”＋数量詞＋名詞

所有も存在も目的語の前に数量詞がいります。“很多”（たくさん）も数量詞。否定は数量詞がいりません。

① 我有一个哥哥。Wǒ yǒu yí ge gēge.（私は兄が1人いる）
／我没（有）哥哥。Wǒ méi (yǒu) gēge.（私は兄がいない）

② 那儿有很多商店。Nàr yǒu hěn duō shāngdiàn.
（あそこは店がたくさんある）
／那儿没有商店。Nàr méiyǒu shāngdiàn.（あそこは店がない）

2 主語＋“有／没(有)”＋名詞／名詞句

肯定文は数量詞がないと、比較のニュアンスが出ます。日本語は否定文に数量詞が使えますが、中国語は数量詞は使えません。

③ 我有哥哥。Wǒ yǒu gēge.（私は兄がいる）
※「姉はいない」「彼はお兄さんがいない」などと比較する。

④ 我们大学没（有）便利店。Wǒmen dàxué méi (yǒu) biànlìdiàn.
（私達の大学はコンビニがない）

3 主語＋“有”＋名詞 / 名詞句＋“吗”？

肯定文の文末に“吗”をつけます。目的語の前に数量詞はいりません。比較のニュアンスもありません。

⑤ 你有微信吗？ Nǐ yǒu wēixìn ma?（あなたは WeChat がありますか）

⑥ 你们大学有美国老师吗？ Nǐmen dàxué yǒu Měiguó lǎoshī ma?
（あなた達の大学にアメリカ人の教師がいますか）

4 主語＋“没(有)”＋名詞 / 名詞句＋“吗”？

否定文の文末に“吗”をつけると、確認、反語、詰問のニュアンスが出ます。「…はないの？」

⑦ 你没（有）中国朋友吗？ Nǐ méi (yǒu) Zhōngguó péngyou ma?
（あなたは中国人の友人がいないの？）

⑧ 星期天没有时间吗？ Xīngqītiān méiyǒu shíjiān ma?
（日曜日は時間がないの？）

練　習

1．次の中国語を日本語に訳してください。

① 他有两个汉语老师。

② 你们明天有事吗？

③ 星期一你没有工作吗？

④ 请问，这附近有超市吗？

⑤ 这个教室没有 Wi-Fi，那个教室有。

2．次のピンインを中国語に直し、日本語に訳してください。

① Wǒ méiyǒu dìdi, nǐ yǒu ma?

② Nàr yǒu biànlìdiàn ma?

③ Tā yǒu liǎng ge Měiguó péngyou.

④ Tāmen dàxué yǒu hěn duō Zhōngguó liúxuéshēng.

⑤ Míngtiān shì xīngqīliù, nǐ méiyǒu shíjiān ma?

3．次の日本語を中国語に訳してください。

① あそこに図書館がありますか。

② 彼はお姉さんがいない。私はいる。

③ あなたは中国のケータイを持っていますか。

④ あの駅には駐車場があるが、この駅にはない。

⑤ 今日は勉強する時間がなかった。

4．次の誤文を正しく直してください。

① 彼はパソコンを持っている。

　＊他有电脑。

② 昨日彼らは中国語の授業があった。

　＊昨天他们有汉语课了。

③ あそこに留学生がいる。

　＊那儿有留学生。

④ 今は問題がない。

　＊现在问题没有。

⑤ 彼はカバンを２つ持ってない。

　＊他没有两个书包。

第３課

“在”

“在 zài”は動詞、副詞、介詞（前置詞）の３つの用法があります。

1 動詞の“在”：主語＋“在”(＋場所)「…にいる／ある」

存在を表します。目的語はあってもなくてもいいです。否定は他の動詞と同じく現在と過去は“没”で、未来は“不”。方言の影響で現在の否定は“没”も“不”も使えます。

① 现在田中在，李强没（／不）在。
Xiànzài Tiánzhōng zài, Lǐ Qiáng méi (/bú) zài.
（今、田中さんはいるが、李強さんはいない）

② 昨天我没在家，明天也不在。
Zuótiān wǒ méi zài jiā, míngtiān yě bú zài.
（私は昨日は家にいなかった。明日もいない）

2 副詞の“在”：主語＋“在／没”＋動詞 「…している」

動詞の前に置き、動作の進行を表します。否定は「“没”＋動詞」。瞬間動詞（瞬間に終わる動作。座る、立つなど）は使えません。

③ 他现在在研究什么问题？ Tā xiànzài zài yánjiū shénme wèntí?
（彼は今、どんなテーマを研究していますか）

④ 他现在没看电视，他在上网。
Tā xiànzài méi kàn diànshì, tā zài shàngwǎng.
（彼は今テレビを見ていなくて、インターネットをしている）

3 介詞の“在”：主語＋“在／没在”＋場所＋動詞 「…で／に～する／している」

場所の前に置き、動作が行われる場所を表します。過去の否定は“没”で、現在の否定は“没(／不)”、未来と意志の否定は“不”。

⑤ 他昨天没在食堂吃饭，他在家吃。

Tā zuótiān méi zài shítáng chīfàn, tā zài jiā chī.

（彼は昨日食堂ではなく、家で食事をした）

⑥ 他现在没（／不）在东京工作，在大阪工作。

Tā xiànzài méi (/bú) zài Dōngjīng gōngzuò, zài Dàbǎn gōngzuò.

（彼は今、東京ではなく、大阪で働いている）

⑦ 他明天不在那儿等你，他在家等你。

Tā míngtiān bú zài nàr děng nǐ, tā zài jiā děng nǐ.

（彼は明日あそこではなく、家であなたを待ちます）

練　習

1．次の中国語を日本語に訳してください。

① 你爸爸现在在吗?

② 昨天我没在那儿买东西。

③ 中山现在在图书馆上网。

④ 他没在学习，他在看漫画。

⑤ 那个教室的钥匙不在这儿。

２．次のピンインを中国語に直し、日本語に訳してください。

① Nǐ zài nǎr? Wáng lǎoshī zài túshūguǎn děng nǐ.

② Nèige biànlìdiàn bú zài chēzhàn pángbianr, zài lǐbianr.

③ Tāmen qùnián méi zài Běijīng gōngzuò.

④ Nèixiē rén zài nàr zuò shénme?

⑤ Wǒ gēge zài kàn shū, wǒ zài kàn diànshì.

３．次の日本語を中国語に訳してください。

① 姉は今アメリカに留学中です。

② 彼は今どこで中国語を習っているのですか。

③ 李先生は大学で英語を教えていない。

④ 彼らはサッカーをしています。

⑤ あなたは今、会社にいないの？

４．次の誤文を正しく直してください。

① 今、彼は図書館で勉強していない。

　＊现在他在图书馆不学习。

② 昨日彼らはここにいなかった。

　＊昨天他们不在这儿。

③ 私はスーパーでバイトをしている。

　＊我打工在超市。

④ ここで彼を待ちましょう。

　＊在这儿我们等他。

⑤ 私は家の近くを散歩している。

　＊我散步家的附近。

第4課

“要”

動詞の“要 yào”は「いる」「必要とする」「ほしい」の意味で、助動詞の“要”は「…するつもりだ」「…する予定だ」「…するべきだ」の意味があります。

1 動詞の“要”

1.1 主語＋“(不)要”(＋目的語)：いる、必要とする、かかる

否定は“不要”。

① 这个我不要了，你要吗？ Zhèige wǒ bú yào le, nǐ yào ma?
（これは私はいらなくなったけど、あなたはいる？）

② 上大学一年要一百万日元吗？
Shàng dàxué yì nián yào yìbǎi wàn Rìyuán ma?
（大学に行くのに年に 100 万円必要ですか）

1.2 主語＋“(不)要”＋名詞／文：ほしい

目的語に文を取ることもできます。否定は“不要”。

③ 他不要钱，我要。Tā bú yào qián, wǒ yào.
（彼はお金はほしくない。私はほしい）

④ 老师要我们背课文。Lǎoshī yào wǒmen bèi kèwén.
（先生は私達にテキストの文を暗記してほしい）

2 助動詞の“要”

2.1 主語＋“要”＋動詞(＋目的語)：…するつもりだ、…したい

否定は“不”だけで、“要”はいりません。

⑤ 今年我要去中国留学，你去吗？
Jīnnián wǒ yào qù Zhōngguó liúxué, nǐ qù ma?
（今年私は中国に留学したいけど、あなたは行きますか）

⑥ 有钱我要去，没钱我不去。Yǒu qián wǒ yào qù, méi qián wǒ bú qù.
（お金があったら行きたいが、なかったら行かない）

2.2 主語＋“要”＋動詞（＋目的語）：…する予定だ

予定していることは、日本語では「…します」だけでもいいですが、中国語では“要”が必要です。否定は“不”だけで“要”はいりません。

⑦ 明天我要去医院，不去学校。
Míngtiān wǒ yào qù yīyuàn, bú qù xuéxiào.
（明日病院に行きます。学校には行きません）

⑧ 他今年八月要结婚。Tā jīnnián bā yuè yào jiéhūn.
（彼は今年8月に結婚する予定だ）

2.3 主語＋“要”＋動詞（＋目的語）：…すべきだ、…しなければならない

忠告や警告に使われることが多く、否定は“不要”。

⑨ 你要努力学习。Nǐ yào nǔlì xuéxí.（あなたは一生懸命勉強すべきだ）

⑩ 上课时要安静，不要说话。Shàngkè shí yào ānjìng, bú yào shuō huà.
（授業中は静かにし、おしゃべりをしてはいけない）

練　習

1．次の中国語を日本語に訳してください。

① 我要两杯红茶，一块蛋糕。

② 咖啡要糖和奶吗?

③ 人生最重要的是要感恩。

④ 老师要我们每天写日记。

⑤ 学习外语，要多说。

2．次のピンインを中国語に直し、日本語に訳してください。

① Tā jīnnián shǔjià yào qù Běijīng lǚyóu.

② Jīntiān nǐ yào chī shénme cài?

③ Wǒmen de lǎoshī yào wǒmen zuò hěn duō zuòyè.

④ Zhèige fāngfǎ yào gǎi, bù gǎi bù hǎo.

⑤ Nǐ yào zuò shénme nǐ zìjǐ juédìng.

3．次の日本語を中国語に訳してください。

① 私達は謙虚であるべきだ。傲慢ではいけない。

② あなたの病気は病院で検査しなければならないよ。

③ みんな自分の国の歴史を勉強すべきだ。

④ ごめんなさい。疲れたので、休みたいです。

⑤ 私は赤いのがほしい。青いのはほしくない。

4．次の誤文を正しく直してください。

① カナダに旅行に行くにはたくさんお金がかかる。

＊旅游加拿大很多钱要。

② 私は今年中国語検定4級を受けたい。

＊我要今年考四级中国语检定。

③ 私は来月中国に出張する予定です。

＊我下个月预定出差中国。

④ 私は泳ぎに行かない。

＊我不要去游泳。

⑤ 明日私は6時に起きる。

＊明天我六点起床。

第5課

“给”

動詞の“给 gěi”は「あげる」、介詞（前置詞とも言う）の“给”は「…に～してあげる」「…に(～をする)」

1　動詞の“给”：あげる

現在と過去の否定形は“没”、未来と意志の否定形は“不”を“给”の前につけます。目的語は人か物事で、両方取ることもできます。

1.1　主語＋“(不／没)给”＋人／物

目的語が１つの場合。

① 你给我。Nǐ gěi wǒ.（私にください）

② 我不给礼物，我给钱。Wǒ bù gěi lǐwù, wǒ gěi qián.
（プレゼントではなく、お金をあげる）

1.2　主語＋“(不／没)给”＋人＋物

目的語が人と物の２つの場合、人を先に、物を後に置きます。

③ 王老师给我们很多作业。Wáng lǎoshī gěi wǒmen hěn duō zuòyè.
（王先生は私達に宿題をたくさん出す）

④ 他没给你机会吗？ Tā méi gěi nǐ jīhuì ma?
（彼はあなたにチャンスをくれなかったの？）

2　介詞の“给”：誰々に、誰々のために

否定形は動詞と同じく過去と現在は“没”、未来と意志は“不”を“给”の前に置きます。副詞も“给”の前に置きます。

2.1 主語＋“(不／没)给”＋人＋動詞(＋目的語)：(〜のために)…をする／してあげる

相手のために「…してあげる」の意味。

⑤ 你给大家唱一首歌吧。Nǐ gěi dàjiā chàng yì shǒu gē ba.
（みんなに歌を1曲歌ってあげなさい）

⑥ 这个蛋糕是她特别给你做的。Zhèige dàngāo shì tā tèbié gěi nǐ zuò de.
（このケーキは彼女が特別にあなたに作ってくれたものだ）

2.2 主語＋“(不／没)给”＋人＋動詞(＋目的語)：誰々に…をする

「誰かのためにする」ではなく、単に対象を表します。使える動詞は限られ、例えば“打”(電話をかける)、“发”(送信する）など。

⑦ 你明天给我发微信吧。Nǐ míngtiān gěi wǒ fā wēixìn ba.
（明日私にWeChatを送ってください）

⑧ 我今晚给你打电话。Wǒ jīnwǎn gěi nǐ dǎ diànhuà.
（今晩あなたに電話します）

2.3 介詞“给”が使えない動詞

必ず相手が必要な動作（“问”“教”“商量”など）は、“给”が使えません。

⑨ あなたに1つ質問をします。
＊我给你问一个问题。
○ 我问你一个问题。Wǒ wèn nǐ yí ge wèntí.

⑩ 彼は私に中国語を教えてくれる。
＊他给我教汉语。
○ 他教我汉语。Tā jiāo wǒ Hànyǔ.

2.4 主語＋"(不／没)给"＋人＋動詞(＋目的語)＋"了"：誰々に…をされる

受身表現で相手に何かをされたことを言う時。

⑪ 你给他骗了。Nǐ gěi tā piàn le.（あなたは彼に騙されたのだ）

⑫ 我的自行车给人偷了。Wǒ de zìxíngchē gěi rén tōu le.
（自転車を誰かに盗まれた）

練　習

1．次の中国語を日本語に訳してください。

① 你要给他什么生日礼物?

② 我爸爸每个月给我三万日元。

③ 对不起，我们给你添麻烦了。

④ 他给留学生捐了很多钱。

⑤ 那个日本人给中国人民留下了很好的印象。

2．次のピンインを中国語に直し、日本語に訳してください。

① Wǒ māma gěi wǒ zuòle hěn duō hǎochī de cài.

② Nǐ zuótiān méi gěi tā fā yóujiàn ma?

③ Tā de qiánbāo gěi rén tōu le.

④ Wǒ bù gěi nǐ zhèige, wǒ gěi nǐ nèige.

⑤ Nèi jiàn yīfu shì wǒ jiějie gěi tā zuò de.

3．次の日本語を中国語に訳してください。

① 彼らは村の人々のために、いいことをたくさんした。

② あなたは昨日彼に LINE を送りましたか。

③ お父さん、5000 円くださいよ。

④ 自然は私達にたくさんの恩恵を与えてくれる。

⑤ 田中さんは先生に叱られた。

4．次の誤文を正しく直してください。

① 私は彼にお金をあげない。

＊我不给钱他。

② 郭先生はいつも私達に宿題をたくさん出す。

＊郭老师常常给很多作业我们。

③ 今晩あなたに電話します。

＊今天晚上我打电话你。

④ 郵便屋さんは毎日郵便物を持ってきてくれる。

＊邮递员每天送信给我们来。

⑤ 昨日彼は私にメールをくれなかった。

＊昨天他不给我发邮件。

“觉得”

“觉得 juéde”（…と思う、…と感じる）は、やや軽い意見を述べる動詞で、否定は“不觉得 bù juéde”（…と思わない、…と感じない）です。

1 “觉得”（＋副詞）＋形容詞

“觉得”の文では、形容詞の前の“很”は「とても」になります。

① 我觉得贵，他不觉得贵。Wǒ juéde guì, tā bù juéde guì.
（私は高いと思うが、彼は高いと思わない）

② 你觉得不好吃，他觉得很好吃。
Nǐ juéde bù hǎochī, tā juéde hěn hǎochī.
（あなたはおいしくないと思うが、彼はとてもおいしいと思う）

2 “觉得”＋動詞

③ 我觉得是，他觉得不是。Wǒ juéde shì, tā juéde bú shì.
（私はそうだと思うが、彼はそうではないと思う）

④ 我觉得有，他觉得没有。Wǒ juéde yǒu, tā juéde méiyǒu.
（私はあると思うが、彼はないと思う）

⑤ 我觉得在，他觉得不在。Wǒ juéde zài, tā juéde bú zài.
（私はいると思うが、彼はいないと思う）

3 “觉得”＋文

形容詞述語文、動詞述語文は、肯定も否定も目的語になれます。

⑥ 我觉得那个人是王伟。Wǒ juéde nèige rén shì Wáng Wěi.
（あの人は王偉さんだと思う）

⑦ 我觉得中国菜很好吃。Wǒ juéde Zhōngguócài hěn hǎochī.
（中国料理はとてもおいしいと思う）

⑧ 我觉得他走了。Wǒ juéde tā zǒu le.（彼は帰ったと思う）

4 “觉得”の疑問文

“觉得”の後ろにはあらゆる疑問文（是非疑問文、疑問詞疑問文など）を置けますが、その他に“呢？”“怎么样？”を単独で置くこともできます。

⑨ 你觉得有意思吗？ Nǐ juéde yǒu yìsi ma?
（面白いと思いますか）

⑩ 那个电影你觉得怎么样？ Nèige diànyǐng nǐ juéde zěnmeyàng?
（あの映画はどう思いますか）

⑪ 我觉得有问题，你觉得呢？ Wǒ juéde yǒu wèntí, nǐ juéde ne?
（問題があると思いますが、あなたは？）

練　習

1．次の中国語を日本語に訳してください。

① 我觉得造句很难，但很重要。

② 今天的交流会，他觉得怎么样？

③ 大家都觉得很有意思，你呢？

④ 这次疫情我不觉得已经完全控制了。

⑤ 你觉得他结婚了吗？

2．次のピンインを中国語に直し、日本語に訳してください。

① Wǒ juéde Wáng Yīng de Rìyǔ hěn búcuò.

② Nǐ bù juéde tā yǒu wèntí ma?

③ Tā juéde Dōngjīng de dōngtiān bù lěng, nǐ juéde ne?

④ Wǒmen dōu juéde Lǐ lǎoshī de kè hěn yǒu yìsi.

⑤ Wǒ juéde xuéxí Hànyǔ jiānglái yídìng yǒu yòng.

3．次の日本語を中国語に訳してください。

① 私は日中の友好はとても大切だと思う。

② 今日の最高気温は0度です。あなたは寒いと思わないの？

③ 彼にはガールフレンドがいると思う。あなたはどう思う？

④ あなたは行かないほうがいいと思う。

⑤ 彼は気分が悪そうだ。風邪をひいたと思う。

4．次の誤文を正しく直してください。

① 私は彼はお金がないと思わない。

*我不觉得他不有钱。

② あの先生はいい先生だと思う。

*我觉得那个老师好老师。

③ 私はお金が一番大切だとは思わない。あなたは？

*我觉得钱不最重要，你呢?

④ 私は家庭教育の影響はとても大きいと思いますが、あなたは（どう思う）？

*我觉得家庭教育的影响很大，你怎么觉得?

⑤ あの外国人達は、私は韓国人だと思う。

*那个些外国人我觉得韩国人。

2

動詞、形容詞、方位詞、場所詞

第７課

動詞の用法

動詞は返事と命令だけ単独で使えます。そのまま主語と目的語になります。時制の変化がないので、時間詞で過去、未来を表します。過去と現在の否定は“没 méi”を、未来と意志の否定は“不 bù”を動詞の前に置きます。

1 動詞の単独の使い方

返事と命令は単独で使えます。

① A：你去吗？ Nǐ qù ma? —— B：去！ Qù!
（あなたは行きますか）　　　（行きます）

② 看！这是什么？ Kàn! Zhè shì shénme?（見て、これは何？）

2 動詞の否定

否定は過去と現在は“没”、未来と意志は“不”を動詞の前に置きます。意志の否定は過去も“不”を使います。

③ 他昨天没来，今天也没来。Tā zuótiān méi lái, jīntiān yě méi lái.
（彼は昨日来なかったし、今日も来ていない）

④ 他现在没学习，晚上也不学习吧。
Tā xiànzài méi xuéxí, wǎnshang yě bù xuéxí ba.
（彼は今、勉強していないし、夜も勉強しないだろう）

⑤ 李明以前不抽烟，现在也不抽。
Lǐ Míng yǐqián bù chōu yān, xiànzài yě bù chōu.
（李明さんは以前タバコを吸わなかったし、今も吸わない）

3 動詞は時制の変化がない

過去現在未来の変化がなく、時間詞と助詞（“了”）で示します。（第43-45課参照）

⑥ 他昨天来了，今天不来，明天来。
Tā zuótiān lái le, jīntiān bù lái, míngtiān lái.
（彼は昨日は来たが、今日は来ず、明日は来る）

⑦ 他去年去了，今年不去，明年去。
Tā qùnián qù le, jīnnián bú qù, míngnián qù.
（彼は去年は行ったが、今年は行かず、来年は行く）

4 動詞は述語以外に、主語、目的語にもなれる

⑧ 睡觉很重要。Shuìjiào hěn zhòngyào.（睡眠は大切だ）

⑨ 他很喜欢睡觉。Tā hěn xǐhuan shuìjiào.（彼は寝るのがとても好きだ）

練習

1．次の中国語を日本語に訳してください。

① 去年他没去留学，今年也不去。

② 她不吃肉，以前不吃，现在也不吃。

③ 学习重要，运动也重要。

④ 那个钱我昨天没给他。

⑤ 来！来！来这儿。

2．次のピンインを中国語に直し、日本語に訳してください。

① Zǒu! Míngnián wǒmen qù Běijīng.

② Zuótiān wǒmen méi liànxí tiàowǔ.

③ Shānběn xiànzài méi xuéxí Yīngyǔ, tā xuéxí Hànyǔ.

④ Qù bù hǎo, bú qù yě bù hǎo.Nǐ yào wǒ zěnme bàn?

⑤ Tiánzhōng bù hē jiǔ, yǐqián bù hē, xiànzài yě bù hē.

3．次の日本語を中国語に訳してください。

① 餃子を作るのは、難しいですか。

② あのアプリのダウンロードは有料です。

③ 部屋を整理するのは面倒だと思いますか。

④ 感染を予防するには手洗いとマスクをつけることが大切だ。

⑤ 話してもよくないし、話さなくてもよくないし、どうしましょうか。

4．次の誤文を正しく直してください。

① 私はお寿司が大好きです。

＊我寿司很喜欢。

② 東京に仕事に行くのが私の夢です。

＊去东京工作的事是我的梦。

③ 父は昔も今もお酒を飲まない。

＊我爸爸以前没喝酒，现在也没喝酒。

④ 留学生が１人あそこにいるよ。

＊一个留学生在那儿。

⑤ 彼女は今週時間がない。

＊她这个星期时间没有。

第８課

動詞の重ね型

動詞の重ね型（“看看”「ちょっと見る」など）は動作の軽さ、時間の短さ、お願い、命令の語気の緩和を表し、「ちょっと」と訳すことが多いです。単音節はAA、2音節はABAB、「動詞＋目的語」の動詞（“散步”など）はAABの形になります。AAは後ろの動詞、ABABはB2つを軽声で言います。単音節の重ね型は“一”や動作の完了を表す“了”を挟むことがあり、その場合はどちらも軽声になりません。2音節と「動詞＋目的語」の動詞は“一”(軽声）を挟みません。

1 未来の動作の重ね型

判断、存在、所有、変化、感情、理解を表す動詞や、繰り返すことができない動詞は重ね型にできません。“是是”、“在在”などは言えません。

① 你等（一）等，我给你找（一）找。
Nǐ děng (yi) děng, wǒ gěi nǐ zhǎo (yi) zhǎo.
（ちょっと待って、探してあげる）

② 你们讨论讨论吧，我休息休息。
Nǐmen tǎolun tǎolun ba,wǒ xiūxi xiūxi.
（あなた方はちょっと話し合ってください、私はちょっと休みます）

2 動詞の重ね型＋目的語

動詞の重ね型は目的語を取れます。実現した動作は“了”を重ね型の間に置き、2音節動詞は重ね型の後に置きます。

③ 他点了点头笑了（一）笑。Tā diǎnle diǎn tóu xiàole (yi) xiào.
（彼はちょっとうなずくとちょっと笑った）

④ 上午他收拾收拾了房间就出去了。
Shàngwǔ tā shōushi shōushile fángjiān jiù chūqu le.
（午前中彼はちょっと部屋を片付けた後、すぐ出かけた）

3 常時行われる軽い動作

いつも気軽に行う動作も重ね型にできます。単音節は“一”を挟めますが、2音節は挟めません。常時していた過去の動作は“了”も“一”も挟めません。

⑤ 星期天他喜欢上（一）上网，学习学习汉语。
Xīngqītiān tā xǐhuan shàng (yi) shàng wǎng, xuéxi xuéxi Hànyǔ.
（彼は日曜日ちょっとインターネットをして、ちょっと中国語を勉強するのが好きだ）

⑥ 以前他星期天只睡睡觉，打打麻将，什么也不学习。
Yǐqián tā xīngqītiān zhǐ shuìshui jiào, dǎda májiàng, shénme yě bù xuéxí.
（以前彼は日曜には寝たり、マージャンをするばかりで、何も勉強しなかった）

4 重ね型の否定

重ね型は“不”をつけて疑問文にすると、柔らかく提案する意味になります。“没”をつけると過去の動作を柔らかく確認する疑問文になります。

⑦ 今天天气很好，你不出去走走吗？
Jīntiān tiānqì hěn hǎo, nǐ bù chūqu zǒuzou ma?
（今日はいい天気なのに、出かけたりしないの？）

⑧ 昨天你没去看看奶奶啊？ Zuótiān nǐ méi qù kànkan nǎinai a?
（昨日あなたはちょっとおばあさんに会いに行かなかったの？）

練　習

1．次の中国語を日本語に訳してください。

① 你坐一坐，休息休息吧。

② 他摇了摇头说“不行”。

③ 我们再想想，再讨论讨论吧。

④ 你在这儿等一等，我去买咖啡。

⑤ 我星期天喜欢唱唱歌，跳跳舞，看看电视。

2．次のピンインを中国語に直し、日本語に訳してください。

① Wǒ de àihào shì tīngting yīnyuè, zhòngzhong huā.

② Zhèige wèntí nǐ wènwen Guō lǎoshī ba, wǒ bù dǒng.

③ Nàr rén bù duō, wǒmen qù nàr sànsan bù ba.

④ Nǐ bù chángchang wǒ zuò de dàngāo ma?

⑤ Dàjiā kuài xǐxi shǒu, yìqǐ chīfàn.

3．次の日本語を中国語に訳してください。

① さあ、この子をちょっと抱っこさせて。

② あなたは部下をちょっとほめなければならないよ。

③ ちょっと私が作った餃子を味見してください。

④ あなたの机をちょっと片付けてください。

⑤ 寝る前に時々ちょっとインターネットをしたり、メールをチェックしたりする。

4．次の誤文を正しく直してください。

① 彼は私をちょっと見て、うなずいた。

＊他看看了我，点点了头。

② 彼はちょっと自分の子供を教育しないといけないね。

＊他应该一点儿教育自己的孩子。

③ 今時間があるから、ちょっとサッカーをしましょう。

＊现在有时间，我们踢一点儿足球吧。

④ 私達はちょっとあの公園を散歩しましょう。

＊我们去那个公园散步散步吧。

⑤ 彼とあの件についてちょっと相談した。

＊我跟他那件事商量了商量。

第9課

形容詞の用法

形容詞は人や物事の性質、様子を表し「性質形容詞」とも言います。“大”“小”“容易”など。一般の状況では形容詞の前にbe動詞の“是”は使えません（相手の発言の訂正、反論の時だけ使えます）。程度副詞で修飾できます。“很大”“非常小”など。時制の変化がなく、過去現在未来とも同じ形。否定は形容詞の前に“不”をつけます。“不大”“不小”など。

1 形容詞の単独の使い方

動詞と同じく、命令（お願い）と返事は単独で使えます。

① 安静！ Ānjìng!（静かに！）

② A：她跑得快吗？ Tā pǎode kuài ma?（彼女は走るのが速いですか）

B：快。Kuài.（速いです）

2 形容詞の肯定

形容詞の肯定は返事と命令以外、単独で使えません。副詞の“很”をつけ、強く読むと「とても」の意味になり、軽く読むと「とても」の意味はなく、単なる文法機能だけです（「飾りの“很”」とも言います）。疑問文、否定文、対比文に“很”があると、「とても」の意味になります。（第15、53課参照）

③ 这个小，那个大。Zhèige xiǎo, nèige dà.

（これは小さい、あれは大きい）

这个很小，那个很大。Zhèige hěn xiǎo, nèige hěn dà.

（これはとても小さい、あれはとても大きい）

④ 那儿人很多。Nàr rén hěn duō.

（そこは人がとても多い）（そこは人が多い）

3 形容詞の否定

形容詞の否定は“不”を使います。

⑤ 这个不大，那个不小。Zhèige bú dà, nèige bù xiǎo.
（これは大きくなく、あれは小さくない）

⑥ 这个问题不难也不容易。Zhèige wèntí bù nán yě bù róngyì.
（この問題は難しくなく、易しくもない）

4 時制の変化がない

形容詞は過去現在未来の変化がありません。

⑦ 昨天很热，明天也可能很热。
Zuótiān hěn rè, míngtiān yě kěnéng hěn rè.
（昨日はとても暑かったし、明日もとても暑くなるかもしれない）

⑧ 昨天不冷，今天也不冷。Zuótiān bù lěng, jīntiān yě bù lěng.
（昨日は寒くなかったし、今日も寒くない）

5 形容詞は述語以外に、主語、目的語にもなれる

⑨ 这个很干净。Zhèige hěn gānjìng.（これはきれいです）

⑩ 干净很好。Gānjìng hěn hǎo.（きれいなのはいいことだ）

⑪ 他喜欢干净。Tā xǐhuan gānjìng.（彼はきれい好きだ）

練　習

1．次の中国語を日本語に訳してください。

① 日本的山很多。

② 这个地方不方便。

③ 昨天很凉快。

④ 那个咖啡不好喝。

⑤ 他的房间很乱。

2．次のピンインを中国語に直し、日本語に訳してください。

① Wǒmen de Hànyǔ lǎoshī hěn hǎo.

② Zhèige píngguǒ bù hǎochī.

③ Wǒ xiànzài hěn jǐnzhāng.

④ Sìchuāncài là, Běijīngcài bú là.

⑤ Tā de shǒujī hěn guì, wǒ de bú guì.

3．次の日本語を中国語に訳してください。

① 昨日は暖かかった。

② あなたの答えは正しいですか。

③ あそこは安全です。安心しなさい。

④ あなたはバカではなく、賢いよ。

⑤ あの先生は優しい、この先生は優しくない。

4．次の誤文を正しく直してください。

① 昨日の料理はおいしかった。

＊昨天的菜很好吃了。

② あそこはたくさん店がある。

＊那儿有多商店。

③ 中国語の文法は難しいと思う。

＊我想汉语语法难。

④ あなたは今日忙しいですか。

＊你今天很忙吗?

⑤ あの病院はとても遠いです。

＊那个医院是非常远。

“有”形容詞

「“有 yǒu”+抽象名詞」は形容詞になり、これを本書では「“有”形容詞」と言います。一般の形容詞と同じく、程度副詞で修飾でき、否定は“不”ではなく、“有”の否定の“没有”を使い、“有”は省略できます。“很有意思、没(有)意思”“非常有礼貌、非常没(有)礼貌”。「“有”+具体名詞」は形容詞になれません。“有书”“有电脑”などは「動詞“有”+目的語」です。“有钱”は例外で、「お金がある」の意味もありますが、形容詞にもなり、“很”をつけることができます。“很”をつけると“很有钱”(金持ちだ)という「“有”形容詞」になります。

1 「“有”形容詞」の単独の使い方

返事のときだけ単独で使えます。

① A:这本书有意思吗? Zhèi běn shū yǒu yìsi ma?
(この本は面白いですか)
B:有意思。Yǒu yìsi.(はい)

② A:那个人有礼貌吗? Nèige rén yǒu lǐmào ma?
(あの人は礼儀正しいですか)
B:没有礼貌。Méiyǒu lǐmào.(いいえ)

2 「“有”形容詞」の肯定

「“有”形容詞」は一般の形容詞と同じく、副詞の“很”(とても)をつけ、強く読むと「とても」の意味になり、軽く読むと「とても」の意味はなく、単なる文法機能だけです。

③ 很有信心 hěn yǒu xìnxīn(とても自信がある、自信がある)
很有修养 hěn yǒu xiūyǎng(とても教養がある、教養がある)

④ 这个建筑物很有历史。Zhèige jiànzhùwù hěn yǒu lìshǐ.
（この建物は歴史がとても長い）（この建物は歴史が長い）

3 「“有”形容詞」の否定

「“有”形容詞」は“没”で否定します。“有”は省略可。

⑤ 那个节目没（有）趣。Nèige jiémù méi (yǒu) qù.
（あの番組は面白くない）

⑥ 做这件事没（有）意义。Zuò zhèi jiàn shì méi (yǒu) yìyì.
（このことをするのは意味がない）

4 「“有”形容詞」も時制の変化がない

「“有”形容詞」も過去現在未来の変化がありません。

⑦ 这件事以前很有希望，现在没有希望了。
Zhèi jiàn shì yǐqián hěn yǒu xīwàng, xiànzài méiyǒu xīwàng le.
（このことは以前は望みがあったが、今はなくなった）

⑧ 他以前没有名，现在很有名了。
Tā yǐqián méiyǒu míng, xiànzài hěn yǒu míng le.
（彼は以前は無名だったが、今は大変有名になった）

練　習

1．次の中国語を日本語に訳してください。

① 这个药很有效。

② 那个小孩儿很有志气。

③ 我没有本事，也没有毅力。

④ 他很有时间，我没有时间。

⑤ 他的话很有道理。

2．次のピンインを中国語に直し、日本語に訳してください。

① Nèige diànyǐng yǒu yìsi ma?

② Zhèige dōngxi yǒu yòng méiyǒu yòng?

③ Tā hěn yǒu xìnxīn, wǒ méiyǒu xìnxīn.

④ Yǐqián tā méiyǒu qián, xiànzài hěn yǒu qián le.

⑤ Nèi běn shū hěn yǒu míng, nǐ bù zhīdào ma?

3．次の日本語を中国語に訳してください。

① 高倉健さんは中国でとても有名である。

② あのテレビドラマは面白くなかった。

③ 田中先生は知識がとても深い。

④ あの子はすごい！前途洋々だ。

⑤ あの歌手はとても人気があるのですか。

4．次の誤文を正しく直してください。

① 昨日の中国語の授業はとても面白かった。

＊昨天的汉语课很有意思了。

② 田中先生は英語を教える経験が豊かだ。

＊田中老师教英语经验丰富。

③ あの会社は有名ではない。

＊那家公司不是有名。

④ 京都の清水寺は歴史が長いです。

＊京都的清水寺历史很长。

⑤ 李先生は博識だ。

＊李老师很博识。

形容詞の重ね型

単音節形容詞の重ね型は「AA」と「AA 儿」型（“好好”“好好儿”など）、2 音節は「AABB」型（“高高兴兴”など）で、副詞になります。「形容詞 + 動詞」構造の形容詞（“好吃”“好喝”など）と、一部の形容詞（“积极”“消极”“激动”など）は重ね型にできません。

1　形容詞の重ね型＋動詞 ⇒ 形容詞の重ね型は副詞になる

動詞を修飾する副詞になり、程度を強調します。“很”と一緒に使えません。助詞の“地 de”を使え、省略も可（第 29 課参照）。重ね型にしなくても副詞になれるのは“快”“早”“晚”だけです（“你快来”“你早说啊”）。

① 你慢慢儿（地）说，别急。Nǐ mànmānr (de) shuō, bié jí.
（ゆっくり話して、慌てないで）

② 我已经清清楚楚（地）告诉他了。
Wǒ yǐjīng qīngqing chǔchu (de) gàosu tā le.
（私はすでにはっきり彼に伝えた）

2　形容詞の重ね型＋“的”

“的”をつけると、状態を強調して説明する述語になります。

③ 她眼睛大大的，头发长长的，皮肤白白的。
Tā yǎnjing dàda de, tóufa chángchang de, pífū báibai de.
（彼女は目が大きくて、髪が長く、色白だ）

④ 她的房间干干净净的，没有一点儿灰尘。
Tā de fángjiān gāngan jìngjing de, méiyǒu yìdiǎnr huīchén.
（彼女の部屋はきれいで、少しのほこりもない）

③ 形容詞の重ね型＋“的”（＋名詞）

“的”をつけると名詞になり、さらに名詞を修飾することもできます。

⑤ 我送你一个大大的，好吗？ Wǒ sòng nǐ yí ge dàda de, hǎo ma?
（あなたに大きいのをプレゼントします。いいですか）

⑥ 他是一个马马虎虎的人。Tā shì yí ge mǎma hūhu de rén.
（彼はいい加減な人間だ）

④ 動詞＋“得”＋形容詞の重ね型＋“的”

“的”をつけると、「動詞＋“得”」の状態補語になります。副詞はいりません。

⑦ 我们说得好好儿的，你忘了吗？
Wǒmen shuōde hǎohāor de, nǐ wàng le ma?
（私達はちゃんと言ったのに、忘れたの？）

⑧ 黑板上写得清清楚楚的，你没看见吗？
Hēibǎnshang xiěde qīngqing chǔchu de, nǐ méi kànjiàn ma?
（黒板にはっきり書いてあるのに見えなかったの？）

練　習

1．次の中国語を日本語に訳してください。

① 你应该好好儿学习。

② 他的脸怎么黑黑的?

③ 他走得匆匆忙忙的，早饭都没吃。

④ 健健康康的他怎么生病了?

⑤ 桌子收拾得整整齐齐的。

2．次のピンインを中国語に直し、日本語に訳してください。

① Tā měitiān dōu gāogao xìngxing de qù shàngbān.

② Dàjiā dōu mànmānr chī, mànmānr hē.

③ Bié jǐnjin zhāngzhang de.

④ Tā jīntiān zěnme le? Chuān de qíqi guàiguai de.

⑤ Wǒ de shǒu jǔde gāogao de, nǐ méi kànjiàn ma?

3．次の日本語を中国語に訳してください。

① あなたが無事に安全に家に帰ってほしい。

② この道は凸凹ですね、ゆっくり歩いてください。

③ 彼女は髪がとても長くて、顔が丸い。

④ もう時間がないよ。はやく話しなさい。

⑤ よかった。茶碗は全部とてもきれいに洗ったね。

4．次の誤文を正しく直してください。

① 母が作った料理はとてもおいしい。

＊我妈妈做的菜好吃好吃的。

② 私達の教室は大変きれいだ。

＊我们的教室很干净干净。

③ 私はゆっくり中国語を勉強したい。

＊我想很慢学习汉语。

④ 先生ははっきり話したよ。あなたはわからないの？

＊老师说得清楚，你不明白吗?

⑤ 友達が家に来るので、急いで部屋を片付ける。

＊我朋友来我家，我急收拾房间。

第12課

方位詞と場所詞の用法

方位詞は方向と位置を表す品詞です。方向を表す“东 dōng”“西 xī”“南 nán”“北 běi”や、位置を表す“上 shàng”“下 xià”“左 zuǒ”“右 yòu”“前 qián”“后 hòu”“里 lǐ”“外 wài”“旁 páng”などがあります。方位詞は場所詞ではなく、場所を示すには必ず“边儿 bianr”をつけます。“东边儿 dōngbianr”（東側）“西边儿 xībianr”（西側）“上边儿 shàngbianr”（上）“下边儿 xiàbianr”（下）。方位詞はほとんど単独で使えず、使うには制限があります。

1 方位詞＋“边儿”＝場所詞

方位詞は単独で使えず、“边儿”、“面”、“头”などの接尾語をつけますが、ここでは“边儿”で説明します。“东边儿”“西边儿”“后边儿”“里边儿”“旁边儿”。南方では“边”だけです。

① 他在外边儿。Tā zài wàibianr. —— ＊他在外。
（彼は外にいる）

② 里边儿有人。Lǐbianr yǒu rén. —— ＊里有人。
（中に人がいる）

2 主語＋介詞＋方位詞＋動詞（＋目的語）

方向を示す介詞（“往”“向”“朝”など）があれば、単独で使えます。

③ 大家往（／向／朝）前走。Dàjiā wǎng (/xiàng/cháo) qián zǒu.
（みんな前に行く）

④ 别往（／向／朝）右拐。Bié wǎng (/xiàng/cháo) yòu guǎi.
（右に曲がらないで）

③ 人称名詞 / 人称代名詞 / 場所名詞＋「方位詞＋“边儿”」

「方位詞＋“边儿”」を人称名詞、人称代名詞、場所名詞（“中国”“学校”など）の後に置き、“边儿”の前の人 / 場所のどこかを示します。“的”はあってもなくてもいいです。

⑤ 他在我（的）后边儿。Tā zài wǒ (de) hòubianr.
（彼は私の後ろにいる）

⑥ 便利店（的）前边儿有很多人。
Biànlìdiàn (de) qiánbianr yǒu hěn duō rén.
（コンビニの前に人がたくさんいる）

④ 非場所の一般名詞＋「方位詞＋“边儿”」

場所ではない一般名詞を場所詞にするためには、「方位詞＋“边儿”」をつけます。「机にある」は“在桌子”ではなく、“在桌子上边儿”です。名詞の後の“上边儿”と“里边儿”の“边儿”は省略可で、“边儿”を省略した場合“上”“里”は軽声で発音します。“桌子上”（机に）“车里”（車に）。

⑦ ＊桌子有很多书。
○ 桌子上（边儿）有很多书。Zhuōzishang (bianr) yǒu hěn duō shū.
（机の上に本がたくさんある）

⑧ ＊我的书包在车。
○ 我的书包在车里（边儿）。Wǒ de shūbāo zài chēli (bianr).
（私のかばんは車にある）

⑨ ＊车站在学校东。
○ 车站在学校东边儿。Chēzhàn zài xuéxiào dōngbianr.
（駅は学校の東にある）

練　習

1．次の中国語を日本語に訳してください。

① 她在车上等你，快走吧。

② 啊呀，车上边儿有很多鸟粪。

③ 我的雨伞放在门后边儿。

④ 他房间的墙上挂着很多衣服。

⑤ 我的钱包里没钱了。

2．次のピンインを中国語に直し、日本語に訳してください。

① Tiánzhōng zuòzài wǒ yòubianr.

② Chēli hěn rè, xiāngjiāo bié fàng chē lǐbianr.

③ Wǒ de yàoshi guàzài ménkǒu pángbianr de jiàzi shàngbianr.

④ Dàxià tāmen xuéxiào qiánbianr méiyǒu biànlìdiàn.

⑤ Nǐmen zài wàibianr zuò shénme? Kuài jìnlai zuò a.

3．次の日本語を中国語に訳してください。

① 洗濯物は洗濯機のそばにあるかごに入れなさい。

② 彼らの会社の前にガソリンスタンドがあります。

③ 李健さんは図書館の外で何をしていますか。

④ 彼の車は家の前に止めてある。

⑤ 私は頭の中でずっとあの問題を考えている。

4．次の誤文を正しく直してください。

① 机に2台のパソコンがある。

＊桌子有二台电脑。

② 私の服は椅子に置いてある。

＊我的衣服放在椅子。

③ このノートに私の名前が書いてある。

＊这本本子有写我的名字。

④ リンゴは冷蔵庫に入れてある。

＊苹果放在冰箱中。

⑤ 駅前に店がたくさんある。

＊车站前有多店。

3

基本文型

第13課

動詞述語文（主語＋動詞述語）

「動詞述語文」は主語の後の述語が動詞の文です。目的語がある場合（SVO）とない場合（SV）があります。過去と現在の否定は動詞の前に“没”を、未来と意志の否定は“不”をつけます。目的語は動詞によって、名詞、動詞、形容詞があります。

1 主語(＋“不 / 没”)＋動詞 〈SV〉

中国語の be 動詞“是”も動詞。動詞の前に“是”をつけません。

① 我是。Wǒ shì.（私はそうだ）
　我不是。Wǒ bú shì.（私はそうではない）
② 他去。Tā qù.（彼は行く）
　他没去。Tā méi qù.（彼は行かなかった）

2 主語(＋“不 / 没”)＋動詞＋目的語 〈SVO〉

目的語は名詞だけではなく、動詞もあります。感情動詞の目的語は形容詞もあります。

③ 他买手机。Tā mǎi shǒujī.（彼はケータイを買う）
④ 我没去散步。Wǒ méi qù sànbù.（私は散歩に行かなかった）
⑤ 他喜欢狗。Tā xǐhuan gǒu.（彼は犬が好きだ）
⑥ 她不喜欢游泳。Tā bù xǐhuan yóuyǒng.（彼女は水泳が好きではない）
⑦ 她爱漂亮。Tā ài piàoliang.（彼女はおしゃれだ）

3 主語＋程度副詞＋感情動詞 / 理解動詞＋「動詞(＋目的語)」/ 目的語

動作動詞（“吃”“喝” など）の前には程度副詞 “很” などが使えませんが、感情動詞、理解動詞（“了解”“理解” など）は使えます。

⑧ 他很喜欢吃中国菜。Tā hěn xǐhuan chī Zhōngguócài.
（彼は中国料理がとても好きだ）

⑨ 她非常了解你。Tā fēicháng liǎojiě nǐ.
（彼女はあなたのことが大変よくわかっている）

4 疑問文

文末に “吗” をつけます。否定文の文末に “吗” をつけるのは否定疑問文で、確認、反問、詰問のニュアンスを表します。「…ではないの？」

⑩ 你用微信吗？ Nǐ yòng wēixìn ma?
（あなたは WeChat を使いますか）

⑪ 你不去北京留学吗？ Nǐ bú qù Běijīng liúxué ma?
（あなたは北京に留学に行かないの？）

⑫ 去年你没去北京吗？ Qùnián nǐ méi qù Běijīng ma?
（去年あなたは北京に行かなかったの？）

練　習

1．次の中国語を日本語に訳してください。

① 你写，我看。

② 他爸爸现在没工作吗？

③ 昨天李明没上班。

④ 你用微信付款吗？

⑤ 以前我非常喜欢踢足球，不喜欢打棒球。

2．次のピンインを中国語に直し、日本語に訳してください。

① Lǐ Míng zài lǐbianr ma?

② Shàng ge xīngqītiān tā méi qù Dōngjīng.

③ Nèi jiā biànlìdiàn méi mài píjiǔ ma?

④ Wǒmen xuéxí Hànyǔ, tāmen xuéxí Hányǔ.

⑤ Tā hěn xǐhuan hē kāfēi, bù xǐhuan hē hóngchá.

3．次の日本語を中国語に訳してください。

① 明日彼は図書館に行かない。

② 彼女は今料理を作っていない。

③ 王先生は昨年中国に帰らなかった。

④ 彼は中国語の勉強がとても好きです。

⑤ 私は言わない。あなたは言いなさい。

4．次の誤文を正しく直してください。

① 今、彼は電話をしていない。

＊现在他不打电话。

② 昨日彼はインターネットをしなかったの？

＊昨天他不上网吗?

③ 彼は中国の社会について、よく知っている。

＊他中国社会很了解。

④ 明日田中さんは来るが、山中さんは来ない。

＊明天田中来，山中没来。

⑤ あなたは日本料理を食べますか。

＊你是吃日本菜吗?

"来 / 去"＋動詞（＋目的語）

"来 lái / 去 qù" は場所の目的語の外に、動詞の目的語（またはその双方）もとれます。「…しに来る / 行く」。場所は "来 / 去" の後、その後に動詞を置きます。過去の動作は文末に "了" をつけます。「…しに来た / 行った」。現在と過去の否定は、"来 / 去" の前に "没" をつけ "了" をとります。未来と意志は "不" をつけます。

なお、"来" には「来る」の意味ではなく、「自ら積極的に動作をする」という意味もありますので、ここで一緒に勉強しましょう。

1 "来 / 去"＋動詞（＋目的語）（＋"了"）：…をしに来る / 来た、…をしに行く / 行った

過去の動作は文末に "了" をつけます。

① 明天我去游泳。Míngtiān wǒ qù yóuyǒng.
（明日私は泳ぎに行く）
昨天我去游泳了。Zuótiān wǒ qù yóuyǒng le.
（昨日私は泳ぎに行った）

② 他后天来找我。Tā hòutiān lái zhǎo wǒ.
（彼は明後日私を訪ねて来る）
他前天来找我了。Tā qiántiān lái zhǎo wǒ le.
（彼は一昨日私を訪ねて来た）

2 "来 / 去"＋場所＋動詞（＋目的語）（＋"了"）：…に～をしに来る / 来た、…に～をしに行く / 行った

場所は "来 / 去" の後に置きます。過去の動作は文末に "了" をつけます。

③ 明天我去海边儿游泳。Míngtiān wǒ qù hǎibianr yóuyǒng.
（明日、海に泳ぎに行く）
昨天我去海边儿游泳了。Zuótiān wǒ qù hǎibianr yóuyǒng le.
（昨日、海に泳ぎに行った）

④ 他后天来公司找我。Tā hòutiān lái gōngsī zhǎo wǒ.
（彼は明後日会社に私を訪ねて来る）
他前天来公司找我了。Tā qiántiān lái gōngsī zhǎo wǒ le.
（彼は一昨日会社に私を訪ねて来た）

3 否定形

過去、現在は“没”、未来は“不”、意志は過去も未来も“不”をつけます。

⑤ 她昨天没来学习。Tā zuótiān méi lái xuéxí.
（彼女は昨日勉強に来なかった）

⑥ 她今天没来学校上课。Tā jīntiān méi lái xuéxiào shàngkè.
（彼女は今日学校に授業を受けに来なかった）

⑦ 她明年不去留学。Tā míngnián bú qù liúxué.
（彼女は来年留学に行かない）

⑧ 我不去那儿喝咖啡。Wǒ bú qù nàr hē kāfēi.
（私はあそこにコーヒーを飲みに行かない）

4 「来る」の意味ではなく、「積極的にする、勧める」の“来”

自分から進んでしたり、他人に勧める時に動詞の前に“来”をつけます。省略可。“来”がないと、積極的なニュアンスがありません。

⑨ 我来介绍一下。Wǒ lái jièshào yíxià.（ちょっと紹介させてもらいます）

⑩ 我休息，你来洗碗。Wǒ xiūxi, nǐ lái xǐ wǎn.
（私は休むから、君が茶碗を洗ってね）

練　習

1．次の中国語を日本語に訳してください。

① 我来说，你们听。

② 我昨天去医院看我奶奶了。

③ 他们来我们学校做什么?

④ 你去那个教室找他，他一定在。

⑤ 中山昨天没去大阪出差。

2．次のピンインを中国語に直し、日本語に訳してください。

① Zhèixiē dōngxi wǒ lái ná, nǐ lái kāi mén.

② Nǐ lái kàn, tāmen zài nàr dǎ lánqiú.

③ Wǒ lái jiāo nǐ Rìyǔ, nǐ jiāo wǒ Hànyǔ.

④ Míngtiān nǐmen qù kàn diànyǐng ma?

⑤ Shàng ge xīngqī tā bàba méi qù Shànghǎi chūchāi.

3．次の日本語を中国語に訳してください。

① 彼は昨日図書館に勉強しに行かなかった。

② 私は皿を洗います。あなたは拭いてください。

③ 田中さんはあそこに買い物に行かない。

④ 私達は卓球をしに行きましょう。

⑤ 李建さんは来年日本に日本語を勉強しに来る予定です。

4．次の誤文を正しく直してください。

① 彼は昨日デパートに買い物に行きました。

＊他昨天去了百货商店买东西。

② 来年彼らは中国に旅行に行く予定です。

＊明年他们去旅游中国。

③ 彼らはあそこにコーヒーを飲みに行かない。

＊他们去那儿不喝咖啡。

④ 彼は毎週どこに買い物に行くのですか。

＊他每个星期去哪儿买东西吗？

⑤ 先生、手伝いましょうか。

＊老师，我帮你吗？

第15課

形容詞述語文（主語＋形容詞述語）

「形容詞述語文」は主語の後の述語が形容詞か「副詞＋形容詞」です。“是”はつけません。「主語＋形容詞」だけで文になるのは対比文と返答の文だけです。肯定文は形容詞の前に必ず副詞の“很”をつけます。否定文は形容詞の前に“不”をつけますが、「“有”形容詞」（第10課参照）の形容詞は“没”をつけます。

1 主語＋形容詞：対比文、疑問文、返答の文

“你好”は「挨拶用語」なので使えますが、“我好”“他好”とは単独で言えません。

① 这个便宜，那个贵。Zhèige piányi, nèige guì.
（これは安い、あれは高い）

② A：哪个好吃？ Něige hǎochī?（どれがおいしいか）
B：这个好吃。Zhèige hǎochī.（これがおいしい）

2 主語＋“很”＋形容詞：肯定文

形容詞の前に必ず“很”をつけます。強く読むと「とても」の意味で、軽く読むと、「とても」の意味がなく、文法機能だけです。「飾りの“很”」とも言います。対比文、疑問文、返答の文は“很”がなくてもいいですが（例①②）、あると「とても」の意味になります。

③ 这个很贵。Zhèige hěn guì.
（これは高い）（これはとても高い）

④ 这个很便宜，那个很贵。Zhèige hěn piányi, nèige hěn guì.
（これはとても安い、あれはとても高い）

3 主語＋“不／没”＋形容詞：否定文

一般形容詞は“不”、「“有”形容詞」は“没”をつけます。

⑤ 我不高。Wǒ bù gāo.（私は背が高くない）
⑥ 他没有礼貌。Tā méiyǒu lǐmào.（彼は礼儀正しくない）

4 疑問文

文末に“吗”をつけます。“很”はいりません。“很”があると「とても」の意味になります。

⑦ A：今天凉快吗？ Jīntiān liángkuai ma?（今日は涼しいですか）
B：凉快。Liángkuai.（涼しい）
⑧ A：今天很凉快吗？ Jīntiān hěn liángkuai ma?
（今日はとても涼しいですか）
B：很凉快。Hěn liángkuai.（とても涼しい）

練　習

1．次の中国語を日本語に訳してください。
① 广岛昨天不冷。
② 英语难，汉语容易。
③ 我现在不饿，你饿吗？
④ 富士山很漂亮，我很喜欢。
⑤ 我没有学问，我觉得他很有学问。

2．次のピンインを中国語に直し、日本語に訳してください。

① Tā gēge gāo, wǒ gēge ǎi.

② Nèige diànyǐng hěn yǒu yìsi.

③ Zhèige jiàoshì bú dà, nèige dà.

④ Jīntiān zuòyè bù duō, wǒmen qù mǎi dōngxi ba.

⑤ Wēixìn hěn fāngbiàn, yòng de rén hěn duō.

3．次の日本語を中国語に訳してください。

① 今年は雪が多いです。

② 先週の宿題は少なかった。

③ 昨日はとても忙しかったが、今日は忙しくない。

④ この牛乳はおいしいが、あの牛乳はおいしくない。

⑤ 昨日はとても寒かった。雪は降らなかったの？

4．次の誤文を正しく直してください。

① 昨日の中国語の授業はとても楽しかった。

*昨天汉语课很愉快了。

② 万里の長城はとても長い。

*万里长城是很长。

③ この韓国料理は辛くない。

*这个韩国菜不是辣。

④ 今、中国語は大切ですから、頑張ります。

*现在汉语重要，我努力。

⑤ 今日はいい天気です。

*今天好天气。

第16課

名詞述語文（主語＋名詞述語）

名詞述語文と言っても、普通の名詞は述語になれません（“是”が必要）。しかし、数量、時間、年齢、出身の名詞なら“是”がなくても述語になれます。“是”を使うのは、注意や訂正、強調の場合です。否定は“不是”を使います。

1 主語＋数量／時間／年齢／出身：肯定文

名詞述語文は“是”がいりません。

① 他一米七，我一米六。Tā yì mǐ qī, wǒ yì mǐ liù.
（彼は1メートル70センチで、私は1メートル60センチだ）

② 现在九点。Xiànzài jiǔ diǎn.（今、9時だ）

③ 我十八岁。Wǒ shíbā suì.（私は18歳だ）

④ 他北京人。Tā Běijīngrén.（彼は北京出身だ）

2 主語＋“不是”＋数量／時間／年齢／出身：否定文

否定文は名詞述語の前に“不是”が必要です。

⑤ 这个不是一百日元。Zhèige bú shì yìbǎi Rìyuán.
（これは100円ではない）

⑥ 今天不是星期五。Jīntiān bú shì xīngqīwǔ.（今日は金曜日ではない）

⑦ 我爸爸不是五十岁。Wǒ bàba bú shì wǔshí suì.（父は50歳ではない）

⑧ 王明不是上海人。Wáng Míng bú shì Shànghǎirén.
（王明さんは上海出身ではない）

3 “是”を使う肯定文

注意や訂正、強調を表す場合、肯定文にも“是”を使えます。

⑨ 现在是八点，不是九点。Xiànzài shì bā diǎn, bú shì jiǔ diǎn.
（今は 8 時で、9 時ではない）

⑩ 这个包是十块（钱），不是四块（钱）。
Zhèige bāo shì shí kuài (qián), bú shì sì kuài (qián).
（このかばんは 10 元で、4 元ではない）

練　習

1．次の中国語を日本語に訳してください。

① 我六十分，他一百分。

② 一个星期七天，一天二十四个小时。

③ 他的生日是八月七日，不是八月八日。

④ 这个手机十万日元，你买吗?

⑤ 这个苹果是二十块一斤，不是十二块一斤。

2．次のピンインを中国語に直し、日本語に訳してください。

① Míngnián shì èrlíngèrsān nián, bú shì èrlíngèrsì nián.

② Wáng Yīng de yéye jīnnián qīshiwǔ suì.

③ Jīntiān jiǔ yuè shí hào jiàoshījié.

④ Zhèige diànnǎo èrshí wàn Rìyuán, nèige shíbā wàn.

⑤ Wǒmen bān sānshí ge rén, tāmen bān èrshijiǔ ge rén.

3．次の日本語を中国語に訳してください。

① 私は1メートル60センチで、彼は1メート65センチだ。

② 一年は52週ではないのですか。

③ 私の時給は1時間1000円ですが、彼は1時間950円です。

④ 彼の誕生日は5月30日です。

⑤ 彼の出身は大阪です。東京ではありません。

4．次の誤文を正しく直してください。

① あのパソコンは20万円ではない。

＊那个电脑不二十万日元。

② 彼の身長は1メートル80センチだ。

＊他身长是一米八十公分。

③ このリンゴは1斤30元ではない。

＊这个苹果不三十块钱一斤。

④ 昨日は火曜日ではなく、月曜日でした。

＊昨天不是星期二，星期一了。

⑤ 私の出身は広島で、彼の出身は岡山です。

＊我出身广岛，他出身冈山。

第 17 課

主述述語文（主語＋主述述語）

「主語＋動詞述語 / 形容詞述語 / 名詞述語」である文も述語になれます。これを「主述述語文」と言います。2 つの主語があり、最初の主語を「大主語」、主述述語の主語を「小主語」と言います。両者は全体と部分、人や物と数量、人や場所と時間の関係です。

1 大主語と小主語が所属関係

① 我身体很好。Wǒ shēntǐ hěn hǎo.（私は元気だ）

② 她头发很长。Tā tóufa hěn cháng.（彼女は髪の毛が長い）

2 大主語と小主語が全体と部分の関係

③ 那个大学图书馆很大。Nèige dàxué túshūguǎn hěn dà.
（あの大学は図書館が大きい）

④ 这本书字很小。Zhèi běn shū zì hěn xiǎo.
（この本は字が小さい）

3 大主語と小主語が人や物と数量の関係

⑤ 我们班三个人去中国。Wǒmen bān sān ge rén qù Zhōngguó.
（私達のクラスは 3 人中国に行く）

⑥ 一百万日元我觉得太贵。Yìbǎi wàn Rìyuán wǒ juéde tài guì.
（100 万円は高すぎると思う）

4 大主語と小主語が人や場所と時間の関係

強調したいものが大主語になります。

⑦ 北京今天下大雨。Běijīng jīntiān xià dàyǔ.

今天北京下大雨。Jīntiān Běijīng xià dàyǔ.

（北京は今日大雨だ）

⑧ 她明天不去。Tā míngtiān bú qù.

明天她不去。Míngtiān tā bú qù.

（彼女は明日行かない）

練　習

1．次の中国語を日本語に訳してください。

① 北海道昨天下大雪。

② 她精神很好。

③ 香蕉十块钱一斤。

④ 这个日本菜我做的。

⑤ 这个工作一个小时一千日元。

2．次のピンインを中国語に直し、日本語に訳してください。

① Tiánzhōng tóufa hěn cháng.

② Zhèi zhǒng jiǔ yìqiān Rìyuán yì píng.

③ Zuótiān Zhōngtián méi gěi wǒ dǎ diànhuà.

④ Wǒmen dàxué túshūguǎn hěn xiǎo.

⑤ Zhèige dàngāo nǐ chī ma?

3．次の日本語を中国語に訳してください。

① 私は１週間に１日休みます。

② あの小説の内容はとても面白い。

③ 彼は郭先生のレポートを提出した。

④ このお菓子は１人３個です。

⑤ 彼の給料は１ヶ月 30 万円です。

4．次の誤文を正しく直してください。

① 彼は足が長い。

＊他的脚长。

② 私はあのことを知っている。

＊我那件事知道了。

③ １日に卵を１個食べる。

＊一天我吃鸡蛋一个。

④ 来年私は中国に行かない。

＊我不去中国明年。

⑤ あのスイカは私達３人で食べる。

＊那个西瓜我们吃三个人。

4

疑問文

第18課

“吗”と“吧”

平叙文の文末に疑問語気詞の“吗 ma”(…か) と“吧 ba”(…でしょう?) をつけると、「はい/いいえ」を求める当否疑問文になります。“他是学生吗?”(彼は学生ですか)、“他是学生吧?”(彼は学生でしょう?)、“他去吗?”(彼は行きますか)、“他去吧?”(彼は行くでしょう?)、“他好吗?”(彼はお元気ですか)、“他好吧?”(彼は元気でしょう?)。返事は質問文の動詞または形容詞を使って答えます。

1 “吗”?:…か

1.1 動詞文+“吗”?

答えは“是/不是”ではなく、必ず質問文の動詞を使って、肯定か否定で答えます。

① A:他是大学生吗? Tā shì dàxuéshēng ma?(彼は大学生ですか)
B:是。Shì.(はい)/不是。Bú shì.(いいえ)

② A:王明吃日本菜吗? Wáng Míng chī Rìběncài ma?
(王明さんは日本料理を食べますか)
B:吃。Chī.(はい)/不吃。Bù chī.(いいえ)

1.2 形容詞文+“吗”?

答えは肯定か否定の他に、いろいろな程度副詞をつけられます。“很”(とても)、“不太”(あまり…ない)“非常”(非常に)など。

③ A:这个便宜吗? Zhèige piányi ma?(これは安いですか)
B:便宜。Piányi.(はい)/不便宜。Bù piányi.(いいえ)/
很便宜。Hěn piányi.(とても安い)/
不太便宜。Bú tài piányi.(あまり安くない)

④ A：那儿很冷吗？ Nàr hěn lěng ma?（あそこはとても寒いですか）
B：很冷。Hěn lěng.（とても寒い）／不冷。Bù lěng.（いいえ）／
不太冷。Bú tài lěng.（そんなに寒くない）

1.3 動詞 / 形容詞の否定文＋“吗”？

否定疑問文「否定文＋“吗”」は確認、反語、詰問のニュアンスがあります。答えは事実で答えます。肯定なら肯定で、否定なら否定で答えます。“是／不是”か動詞、形容詞の肯定か否定で答えます。

⑤ A：你不是大学生吗？ Nǐ bú shì dàxuéshēng ma?
（あなたは大学生じゃないの？）
B：（自分が大学生なら）是。Shì.（はい）／
（自分が大学生でないなら）不是。Bú shì.（いいえ）
⑥ A：王明不吃日本菜吗？ Wáng Míng bù chī Rìběncài ma?
（王明さんは日本料理を食べないの？）
B：他吃。Tā chī.（彼は食べる）／他不吃。Tā bù chī.（彼は食べない）
⑦ A：那儿不冷吗？ Nàr bù lěng ma?（あそこは寒くないの？）
B：冷。Lěng.（寒い）／不冷。Bù lěng.（寒くない）

2 “吧”？：…でしょう？

“吧”には2つの使い方があります。返事を求めない推測と、相手に返事を求める質問です。ここでは質問の“吧”を取り上げます。自分の推測（肯定も否定も）を相手に確認したり、同意を求める時に使い、反語、詰問のニュアンスはありません。返事は質問文の動詞や形容詞の肯定、否定を使って答えます。

2.1 動詞文＋“吧”？

⑧ A：他是（／不是）大学生吧？ Tā shì (/bú shì) dàxuéshēng ba?
（彼は大学生でしょう？／彼は大学生ではないでしょう？）
B：是。Shì.（はい、そうです）／不是。Bú shì.（いいえ、違います）

⑨ A：王明吃（／不吃）日本菜吧？
Wáng Míng chī (/bù chī) Rìběncài ba?
（王明さんは日本料理を食べるでしょう？／
王明さんは日本料理を食べないでしょう？）
B：吃。Chī.（食べます）／不吃。Bù chī.（食べません）

2.2 形容詞文＋“吧”？

“吗”と同じく、程度副詞“很”、“不太”、“非常”をつけられます。

⑩ A：这个便宜（／不便宜）吧？ Zhèige piányi (/bù piányi) ba?
（これは安いでしょう？／これは安くないでしょう？）
B：便宜。Piányi.（はい）／不便宜。Bù piányi.（いいえ）／
很便宜。Hěn piányi.（とても安い）／
不太便宜。Bú tài piányi.（そんなに安くない）

⑪ A：那儿很冷（／不冷）吧？ Nàr hěn lěng (/bù lěng) ba?
（そこはとても寒いでしょう？／そこは寒くないでしょう？）
B：很冷。Hěn lěng.（とても寒い）／不冷。Bù lěng.（寒くない）／
不太冷。Bú tài lěng.（そんなに寒くない）

練　習

1．次の中国語を日本語に訳してください。

① 你有支付宝吗?

② 北京夏天不热吗?

③ 日本最高的山是富士山吗?

④ 他们都是高中生吧?

⑤ 这个麻婆豆腐不辣吧?

2．次のピンインを中国語に直し、日本語に訳してください。

① Zhèige dàngāo bù tián ba?

② Shānběn de shēngrì shì wǔ yuè wǔ hào ma?

③ Xiànzài túshūguǎn rén duō ma?

④ Wáng Míng hé Lǐ Jiàn xǐhuan chī shòusī ma?

⑤ Nèige rén shì wǒmen dàxué de liúxuéshēng ba?

3．次の日本語を中国語に訳してください。

① 中国語の発音は難しいですか。

② あなたのケータイは高いでしょう？

③ 日曜日はみんな忙しくないでしょう？

④ 明後日の交流会は李明さんは参加しないでしょう？

⑤ 今日は水曜日でしょう？　田中さんの誕生日ではありませんか？

4．次の誤文を正しく直してください。

① 彼は来年中国に留学に行きますか。

＊他明年要去留学中国吧?

② あの問題は難しくないですか。

＊那个问题不难吧?

③ 彼の身長は1メートル70センチあるでしょう？

＊他身高有一米七吗?

④ あなたはラーメンが好きですか。――はい！

＊你喜欢吃拉面吗? ——是!

⑤ あなたはパソコンを持ってないの？――いいえ、持ってます。

＊你没有电脑吗? —— 不是，我有。

第19課

“什么”と“什么样”

“什么 shénme”は「何」、“什么样 shénmeyàng”は「どのような」で、“什么”は直接名詞を修飾できます。“什么菜”(何の料理)。“什么样”は名詞を修飾する時に、“的”がいります。“什么样的菜”(どんな料理)。疑問詞疑問文の文末には“吗”をつけません。

1 “什么”：何

主語にも目的語にもなれます。

① 什么最宝贵？ Shénme zuì bǎoguì?（何が一番大事ですか）

② 你看什么？ Nǐ kàn shénme?（あなたは何を見ますか）

2 “什么”＋名詞：何の…、何という…、どんな…

“什么”(何) は直接名詞を修飾することができます。“什么”の後は“的”をつけません。

③ 什么工作最轻松？ Shénme gōngzuò zuì qīngsōng?
（どんな仕事が一番楽ですか）

④ 你想喝什么果汁？ Nǐ xiǎng hē shénme guǒzhī?
（何ジュースが飲みたいですか）

3 “什么”＋名詞$_1$＋“的”＋名詞$_2$：どんな…の～

「“什么”＋名詞」がさらに名詞を修飾する時は“的”がいります。

⑤ 什么专业的人才最少？ Shénme zhuānyè de réncái zuì shǎo?
（どんな専門の人材が一番少ないですか）

⑥ 你用的是什么品牌的手机？ Nǐ yòng de shì shénme pǐnpái de shǒujī?
（あなたが使っているのは、何というブランドのケータイですか）

4 "什么样" + "的" + 名詞：どのような…

"什么样"（どんな、どのような）は単独で使えず、また、直接名詞を修飾できません。必ず "的" をつけます。

⑦ 什么样的爱情最美？ Shénmeyàng de àiqíng zuì měi?
（どのような愛情が一番美しいか）

⑧ 你想买什么样的衣服？ Nǐ xiǎng mǎi shénmeyàng de yīfu?
（あなたはどのような服が買いたいですか）

5 "什么样" + "的"：どんなの

お互いに既知の名詞はよく省略されます。

⑨ 什么样的最美？ Shénmeyàng de zuì měi?
（どんなのが一番美しいですか）

⑩ 你想买什么样的？ Nǐ xiǎng mǎi shénmeyàng de?
（あなたはどんなのを買いたいですか）

練　習

1．次の中国語を日本語に訳してください。

① 你现在有什么烦恼？

② 你要给他做什么样的蛋糕？

③ 什么厂家的汽车最受欢迎？

④ 这个词是什么意思？

⑤ 什么样的网课学生最喜欢？

2．次のピンインを中国語に直し、日本語に訳してください。

① Nǐ jīntiān yào chuān shénmeyàng de yīfu?

② Nèixiē Zhōngguórén lái zhèr zuò shénme?

③ Shénme hǎo? Shénme bù hǎo? Nǐ zìjǐ xiǎng.

④ Xiànzài zuì yǒu rénqì de shǒujī shì shénmeyàng de?

⑤ Shénme pǐnpái de diànnǎo zuì guì?

3．次の日本語を中国語に訳してください。

① これらの野菜はどんな栄養があるの？

② 彼はどんな冷蔵庫を買いたいですか。

③ 李先生は大学で何を教えているのですか。

④ どんなおにぎりが一番おいしいですか。

⑤ 何が安くて、何が安くないか、あなたは知っているでしょう？

4．次の誤文を正しく直してください。

① あなたはどんなラーメンが好きですか。

＊你喜欢吃什么拉面吗?

② 中国には何の問題がありますか。

＊中国现在有什么的问题?

③ あの病気はどんな症状があるの？

＊那个病有什么样症状?

④ 彼はどのような携帯ゲームが好きですか。

＊他喜欢玩儿什么样手机游戏?

⑤ 留学生が何を言っているか私はわからない。

＊留学生什么说，我不明白。

第20課

“谁”“什么人”“什么样的人”

“谁 shéi” は「誰」という意味の疑問詞です。“什么人 shénme rén”（どんな人、どのような人）は、不満の気持ちでどんな人かをたずねます。“谁” に置き換えることができる場合もあります。“什么样的人 shénmeyàng de rén”（どういう人）は人のタイプについて聞きます。それぞれ主語、目的語として使えます。

1 “谁”：誰

① （ドアのノックの音を聞いて）谁？ Shéi?（どなた？）
② 谁说的? Shéi shuō de?（どなたが言ったの？）
③ 你给了谁? Nǐ gěile shéi?（あなたは誰にあげたの？）
④ 这是谁的东西? Zhè shì shéi de dōngxi?（これは誰の物ですか）

2 “什么人”：どんな人、どのような人、何者、誰

単数と複数の人間を指すことができます。単数の場合は “谁” に置き換えることもできます。不満の気持ちを含み、また単独でも疑問文になれます。

⑤ （不審な音を聞いて警戒したり、事件を調査する時など）
什么人？ Shénme rén?（誰？／何者？）
⑥ 什么人说的? Shénme rén shuō de?（誰が言ったの？）
⑦ 你给了什么人? Nǐ gěile shénme rén?
（あなたはどういう人にあげたの？）
⑧ 那些人是什么人? 在那儿做什么?
Nèixiē rén shì shénme rén? Zài nàr zuò shénme?
（あの人達はどういう人ですか。あそこで何をしているの？）

3 "什么样的人"：どういう人、どんな人

"什么样的"は名詞をつけて、人のタイプを聞きます。

⑨ 你喜欢什么样的人？ Nǐ xǐhuan shénmeyàng de rén?
（あなたはどんな人が好き？）

⑩ 什么样的人容易感染新冠病毒?
Shénmeyàng de rén róngyì gǎnrǎn xīnguān bìngdú?
（どのような人が新型コロナウイルスに感染しやすいですか）

練　習

1．次の中国語を日本語に訳してください。

① 谁给你来电话了？

② 他是谁的孩子？这么可爱。

③ 你是他什么人？

④ 什么样的人适合做这个工作?

⑤ 他是什么人的亲戚？这么霸道。

2．次のピンインを中国語に直し、日本語に訳してください。

① Nèi jiàn shì nǐ hái gàosu shéi le?

② Míngtiān shéi lái bāng nǐ bānjiā?

③ Zhè shì shéi de zìxíngchē?

④ Nǐ zài zhèr děng shénme rén?

⑤ Shénmeyàng de rén bù néng chī zhèi zhǒng yào?

3．次の日本語を中国語に訳してください。

① どんな人が反対したの？

② 誰が辛い物を食べられないのですか。

③ クラスで誰が中国に行ったことがあるの？

④ 世界でどんな人が一番忙しいですか。

⑤ どういう人が小学校の教員に適しているの？

4．次の誤文を正しく直してください。

① どなたがコーヒーを飲まないのですか。

？哪个人不喝咖啡？

② どういう人がピーナッツを食べてはいけないの？

＊什么人不能吃花生？

③ どなたがあなた達の中国語の先生ですか。

＊什么人是你们的汉语老师？

④ 私達のクラスで誰が英語を話せるのですか。

＊我们班什么人会说英语？

⑤ 彼はどんな人ですか。こんなに傲慢だなんて。

＊他是什么样的人？这么骄傲。

第21課

“哪”、“哪个”、“哪”＋量詞、“哪些”

複数の人や物の中で、具体的にどの人、どの物か聞く時、“哪 nǎ/něi”は単独で使えず、必ず数詞と名詞に相応しい量詞と一緒に使います。数詞“一”は省略可。“哪（一）个 něi (yí) ge”(どれ)、“哪三本 nǎ sān běn”(どの3冊)（名詞に相応しい量詞は第36課参照）。複数の人や物を聞く時は、具体的な量詞ではなく、不定量詞“些”を使います。“哪些 něixiē”、“哪些人 něixiē rén”、“哪些书 něixiē shū”。

1 “哪”＋数量詞：どれ、どの

“哪”の発音は“nǎ”ですが、数詞“一”と一緒に使う時、北方では“něi”と発音します。“一”を省略しても“něi”と発音。2以上の数詞は省略できません。“哪个”がもっともよく使われます。

① 哪个是李伟?　Něige shì Lǐ Wěi?（どの人が李偉さんですか）

② 你要哪两个?　Nǐ yào nǎ liǎng ge?
（あなたはどの2つがほしいですか）〈物を指す〉

③ 你喜欢哪件?　Nǐ xǐhuan něi jiàn?
（あなたはどれが好き？）〈服を指す〉

④ 哪三本是你的?　Nǎ sān běn shì nǐ de?
（どの3冊があなたの？）〈本を指す〉

2 複数の“哪些”：どれ、どの(複数)

“哪些”は「“哪”＋不定量詞“一些”」であり、“一”はよく省略されます。名詞を修飾する時、数量詞も“的”もいりません。ほとんど物事について聞きます。複数の人を指す時には単独では使わず、必ず4のように名詞と一緒に使います。

⑤ 哪些是他的？ Něixiē shì tā de?（どれとどれが彼のですか）

⑥ 他成功的理由有哪些？ Tā chénggōng de lǐyóu yǒu něixiē?
（彼が成功した理由は何でしょうか）

3 "哪"＋数量詞＋名詞

"哪"は名詞を修飾する時、必ず数量詞がいります。

⑦ 哪个问题重要？ Něige wèntí zhòngyào?（どの問題が重要ですか）

⑧ 哪三种水果比较有营养？ Nǎ sān zhǒng shuǐguǒ bǐjiào yǒu yíngyǎng?
（どの3つの果物が比較的栄養があるでしょうか）

4 "哪些"＋名詞

"哪些"は名詞を修飾する時、数量詞がいりません。

⑨ 哪些人不能打疫苗？ Něixiē rén bù néng dǎ yìmiáo?
（どの人達がワクチンを接種できないのですか）

⑩ 哪些水果比较有营养？ Něixiē shuǐguǒ bǐjiào yǒu yíngyǎng?
（どの果物（複数）が比較的栄養があるでしょうか）

練　習

1．次の中国語を日本語に訳してください。

① 你要哪个套餐？哪种汉堡包？

② 哪些城市还没有高铁？

③ 今天你想穿哪件？

④ 哪两本书是王老师给你的？

⑤ 哪个是王英的男朋友？

2．次のピンインを中国語に直し、日本語に訳してください。

① Něige guójiā miànjī zuì dà?

② Nǎ liǎng ge wèntí hěn zhòngyào?

③ Něixiē rén méi jiāo zuòyè?

④ Něi zhǒng shǒujī bǐjiào hǎo?

⑤ Shítáng de něixiē cài hǎochī?

3．次の日本語を中国語に訳してください。

① どの鉛筆があなたのですか。

② 先週の宿題をまだ提出してないのはどの人達ですか。

③ どの料理を彼が作ったのですか。（複数）

④ 世界でどの国の人口が一番多いですか。

⑤ どの国がお米を生産しているのですか。（複数）

4．次の誤文を正しく直してください。

① どの言葉が国連の公用語ですか。（複数）

＊哪个语言是联合国的通用语言?

② 人はどんなビタミンがもっとも必要ですか。

＊人最需要哪些个维生素?

③ 日本に旅行に来たら、どの場所に行くつもりですか。（複数）

＊来日本旅游，你要去哪个地方?

④ どの人達が健康に注意しなければならないの？

＊谁要注意健康?

⑤ 来年彼はどこの国へ行きたいですか。

＊明年他要去哪儿的国家?

第22課

“哪儿／哪里”

場所疑問詞“哪儿 nǎr／哪里 nǎli”(どこ) の用法は同じですが、“哪儿”は北方、“哪里”は南方でよく使われます。両方とも主語と目的語になります。名詞を修飾する時には“的”が必要。例外は“人”だけです。“哪儿人／哪里人”(どこの人)。謙遜語と反語の用法があります。“哪里哪里，过奖了”(いえいえ、ほめすぎですよ)、“我哪儿有能力？”(私には能力がないよ)。

1 “哪儿／哪里”：どこ

① 明天你去哪儿（／哪里）？ Míngtiān nǐ qù nǎr (/nǎli)?
(明日あなたはどこに行きますか)

② 哪儿（／哪里）卖这种鞋子？ Nǎr (/nǎli) mài zhèi zhǒng xiézi?
(どこでこの種類の靴を売っていますか)

2 “哪儿／哪里”＋“的”＋名詞：どこの…

“人”だけを修飾する時は“的”を省略可。他の名詞を修飾する時には“的”が必要。

③ 他是哪儿（／哪里）人？ Tā shì nǎr (/nǎli) rén?（彼はどこの出身？）

④ 他说的是哪儿（／哪里）的方言？
Tā shuō de shì nǎr (/nǎli) de fāngyán?
(彼が話しているのはどこの方言ですか)

⑤ 哪儿（／哪里）的风景最漂亮？
Nǎr (/Nǎli) de fēngjǐng zuì piàoliang?
(どこの風景が一番きれいですか)

3 謙遜語と反語の“哪儿／哪里”

⑥ 哪儿（／哪里）啊！我汉语说得不好。

Năr (/Năli) a! Wŏ Hànyŭ shuōde bù hăo.

（いえいえ！私は中国語がうまくないよ）

⑦ 我哪儿（／哪里）有钱啊？ Wŏ năr (/năli) yŏu qián a?

（私はお金がある訳がない）

練　習

1．次の中国語を日本語に訳してください。

① 我哪儿有时间？你找别人吧。

② 你哥哥在哪里工作？

③ 他们要在哪儿举行婚礼？

④ 哪儿的话，我没有这个能力。

⑤ 王明现在在哪儿上大学？

2．次のピンインを中国語に直し、日本語にも訳してください。

① Běijīng năr de kăoyā zuì hăochī?

② Zhèige shŭjià nĭ yào qù năr lǚyóu?

③ Lĭ Míng hé Tiánzhōng xiànzài zài năli dăgōng?

④ Zhè fùjìn năli yŏu tíngchēchăng?

⑤ Năr a! Zhèige cài bú shì wŏ zuò de, shì măi de.

3．次の日本語を中国語に訳してください。

① 明日どこに映画を見に行くの？

② 上海のどこが一番賑やかですか。

③ 私のケータイはどこにあるの？

④ 彼らはどこで私達を待っているの？

⑤ いえいえ、この仕事は私はできないよ。

4．次の誤文を正しく直してください。

① この夏休み、どこに旅行に行きたいですか。

＊这个暑假，你想去旅游哪儿?

② 田中さんは今どこに住んでいますか。

＊田中现在在哪儿住?

③ いえいえ、私にいいところはありませんよ。

＊哪里哪里，我优点哪里有。

④ 日本の中国地方はどこですか。

＊日本的中国地方哪儿?

⑤ この箱はどこに置くの？

＊这个盒子哪儿放?

第23課

反復疑問文“V不V”、“A不A”

反復疑問文は動詞、助動詞、形容詞の肯定と否定を並べて、相手に確認する疑問文。文末に“吗”をつけません。動詞は目的語がある時「V“不／没”VO」「VO“不／没”VO」「VO“不／没”V」ですが、「V“不／没”VO」がよく使われます。

1 主語＋“是不是”＋目的語？

① 他是不是你哥哥？ Tā shì bu shì nǐ gēge?
（彼はあなたのお兄さんですか）

② 这个是不是你的？ Zhèige shì bu shì nǐ de?（これはあなたのですか）

2 主語＋“有没有”＋目的語？

③ 你有没有哥哥？ Nǐ yǒu méiyǒu gēge?（あなたはお兄さんがいますか）

④ 这儿有没有 Wi-Fi？ Zhèr yǒu méiyǒu Wi-Fi?
（ここは Wi-Fi がありますか）

3 主語＋V“不／没”V（＋目的語）？

⑤ 你懂不懂法语？ Nǐ dǒng bu dǒng Fǎyǔ?
（あなたはフランス語がわかりますか）

⑥ 昨天他去没去学校？ Zuótiān tā qù méi qù xuéxiào?
（彼は昨日学校へ行きましたか）

4 主語＋助動詞＋“不”＋助動詞（＋動詞＋目的語）？

⑦ 你会不会？ Nǐ huì bu huì?（あなたはできますか）

⑧ 你想不想吃烤鸭？ Nǐ xiǎng bu xiǎng chī kǎoyā?
（あなたは（北京）ダックが食べたいですか）

5 主語＋形容詞＋“不”＋形容詞？

1音節の形容詞は「A“不”A」、2音節は「AB“不”AB」ですが「A“不”AB」のほうがよく使われます。

⑨ 她男朋友帅不帅？ Tā nánpéngyou shuài bu shuài?
（彼女のボーイフレンドはハンサムですか）

⑩ 这个点心好不好吃？ Zhèige diǎnxin hǎo bu hǎochī?
—— 这个点心好吃不好吃？ Zhèige diǎnxin hǎochī bu hǎochī?
（このお菓子はおいしいですか）

練　習

1．次の中国語を日本語に訳してください。

① 他在日本的生活忙不忙？

② 咱们明天开不开会？

③ 今天你请不请客？不请不行啊！

④ 你觉得这件事应不应该告诉他？

⑤ 这个药是不是治感冒的？

2．次のピンインを中国語に直し、日本語に訳してください。

① Zhèixiē shū shì bu shì Shānzhōng de?

② Nǐ jiějie xiànzài zài bu zài jiā?

③ Nǐmen yǒu méiyǒu wēixìn?

④ Nèige jiéguǒ nǐ mǎnyì bu mǎnyì?

⑤ Shānběn xiǎng bu xiǎng qù Běihǎidào lǚyóu?

3．次の日本語を中国語に訳してください。（反復疑問文を使って）

① このケータイのデザインはかっこいいですか。

② 李田さんは日本料理を食べますか。

③ 彼女は１人で家に帰る勇気がありますか。

④ 明日あなたは残業をしますか。

⑤ あの人達は、みんなあなた達の大学の留学生ですか。

4．次の誤文を正しく直してください。

① 彼はお元気ですか。

＊他身体好不好吗?

② これらは全部中国料理ですか。

＊这些是不是全部中国菜?

③ 今、上海は涼しいですか。

＊现在上海是凉快不凉快?

④ あなたは車の運転ができますか。

＊你是会开车不开车?

⑤ 彼は昨日学校に来ましたか。

＊他昨天来不来学校了?

第24課

A“还是”B？

選択疑問文は2つ（以上）の選択肢の間に“还是 háishi”(それとも)を使い、答えを選択する疑問文。文末に“吗”はつけません。

選択肢は名詞の場合、最初の選択肢の前に“是”を置き、動詞と形容詞は“是”がいりません。

1 主語＋“是”＋名詞$_1$＋“还是”＋名詞$_2$？：名詞の選択

① 他是你哥哥还是你弟弟？ Tā shì nǐ gēge háishi nǐ dìdi?
（彼はあなたのお兄さんですか、それとも弟さんですか）

② 这个是你的还是他的？ Zhèige shì nǐ de háishi tā de?
（これはあなたのですか、それとも彼のですか）

2 主語＋形容詞$_1$＋“还是”＋形容詞$_2$？：形容詞の選択

③ 这个便宜还是贵？ Zhèige piányi háishi guì?
（これは安いですか、それとも高いですか）

④ 汉语简单还是难？ Hànyǔ jiǎndān háishi nán?
（中国語は簡単ですか、それとも難しいですか）

3 主語＋動詞(＋目的語)＋“还是”＋動詞(＋目的語)？

3.1 主語＋動詞$_1$＋“还是”＋動詞$_2$？：動詞の選択

⑤ 他在学习还是在睡觉？ Tā zài xuéxí háishi zài shuìjiào?
（彼は勉強しているのですか、それとも寝ているのですか）

⑥ 你去留学还是去旅游？ Nǐ qù liúxué háishi qù lǚyóu?
（あなたは留学に行くの？それとも旅行に行くの？）

3.2 主語＋動詞＋目的語$_1$＋“还是”（＋動詞）＋目的語$_2$？：目的語の選択
主語＋動詞$_1$＋目的語＋“还是”＋動詞$_2$＋目的語？：「動詞＋目的語」の選択

同じ動作なら、“还是”の後の動詞を省略可。

⑦ 你喜欢猫还是狗？ Nǐ xǐhuan māo háishi gǒu?
（あなたは猫が好き？それとも犬が好き？）

⑧ 你们要吃饭还是喝茶？ Nǐmen yào chīfàn háishi hē chá?
（あなた方は食事しますか、それともお茶を飲みますか）

3.3 主語＋時間$_1$＋動詞（＋目的語）＋“还是”＋時間$_2$＋動詞（＋目的語）？：時間の選択

動作の時間を選択する時、時間詞は動作の前に置きます。同じ動詞＋目的語なら、目的語は省略できますが、動詞は省略不可。

⑨ 他上午来还是下午来？ Tā shàngwǔ lái háishi xiàwǔ lái?
（彼は午前に来ますか、それとも午後に来ますか）

⑩ 你明天去东京还是后天去？
Nǐ míngtiān qù Dōngjīng háishi hòutiān qu?
（あなたは明日東京に行くの？それとも明後日行くの？）

3.4 主語$_1$＋動詞／形容詞＋“还是”＋主語$_2$＋動詞／形容詞？：主語の選択

⑪ 你去还是他去？ Nǐ qù háishi tā qù?
（あなたが行きますか、それとも彼が行きますか）

⑫ 这个便宜还是那个便宜？ Zhèige piányi háishi nèige piányi?
（これが安いですか、それともあれが安いですか）

練　習

1．次の中国語を日本語に訳してください。

① 你用微信还是支付宝付款?

② 你是班长还是他是班长?

③ 你觉得经济重要还是政治重要?

④ 他今年毕业还是明年毕业?

⑤ 你先刷牙还是先吃早饭?

2．次のピンインを中国語に直し、日本語に訳してください。

① Nǐmen de Hànyǔ kè shì xīngqīsān háishi xīngqīsì?

② Nǐ xiànzài qù chāoshì háishi wǎnshang qù?

③ Nǐ cháng yòng diànnǎo háishi shǒujī?

④ Nǐ juéde jiànkāng zhòngyào háishi jīnqián zhòngyào?

⑤ Tiánzhōng shì huìzhǎng háishi Zhōngtián shì huìzhǎng?

3．次の日本語を中国語に訳してください。

① この種類のリンゴがおいしいですか、それともあの種類のリンゴがおいしいですか。

② 田中さんは知らないの？それとも言いたくないの？

③ 今週新学期が始まるの？それとも来週始まるの？

④ あなたが使っているのは古本ですか、それとも新しい本ですか。

⑤ あの先生は英語の先生ですか、それともフランス語の先生ですか。

4．次の誤文を正しく直してください。

① 今日は月曜日ですか、それとも火曜日ですか。

＊今天是星期一还是星期二吗?

② あの人は田中さんですか、それとも中田さんですか。

＊那个人田中先生还是中田先生?

③ あなたは卓球が好きですか、それともテニスが好きですか。

＊你喜欢乒乓球还是网球吗?

④ ウーロン茶がおいしいですか、それともジャスミン茶がおいしいですか。

＊乌龙茶是好喝还是茉莉花茶?

⑤ あなたは明日来るの？それとも明後日？

＊你明天来还是后天?

第 25 課

“怎么”と“怎么样”

“怎么 zěnme”（どのように）は動作の方法についてたずねる疑問詞で、主語の後、動詞の前に置きます。“怎么样 zěnmeyàng”は“怎么”と同じ用法もありますが、主に①人、物、事の状態、②提案した意見についてたずねます。

1 “怎么 / 怎么样”＋動詞：どのようにするか

1.1 主語＋“怎么 / 怎么样”＋動詞（＋目的語）？

① 这个用汉语怎么（／怎么样）说？
Zhèige yòng Hànyǔ zěnme (/zěnmeyàng) shuō?
（これは中国語でどう言いますか）

② 手机上怎么（／怎么样）发照片？
Shǒujīshang zěnme (/zěnmeyàng) fā zhàopiàn?
（ケータイでどうやって写真を送るのですか）

1.2 主語＋“怎么 / 怎么样”＋介詞構造？

③ 这件事，你怎么（／怎么样）跟他说？
Zhèi jiàn shì, nǐ zěnme (/zěnmeyàng) gēn tā shuō?
（このことはあなたは彼にどのように話しますか）

④ 怎么（／怎么样）在网上订火车票？你教教我。
Zěnme (/Zěnmeyàng) zài wǎngshang dìng huǒchēpiào? Nǐ jiāojiao wǒ.
（どうやってネットで汽車の切符を予約するのか、ちょっと私に教えてください）

2 “怎么样”：どうですか、いかがですか

2.1 名詞＋“怎么样”？：名詞についての意見をたずねる

⑤ 你觉得这个 APP 怎么样？ Nǐ juéde zhèige APP zěnmeyàng?
（あなたはこのアプリをどう思いますか）

⑥ 他的汉语怎么样？好不好？ Tā de Hànyǔ zěnmeyàng? Hǎo bu hǎo?
（彼の中国語はどう？上手ですか）

2.2 動詞＋“得”＋“怎么样”？：動作の状態についての評価をたずねる

⑦ 他英语说得怎么样？ Tā Yīngyǔ shuōde zěnmeyàng?
（彼の英語はどうですか）

⑧ 你昨天睡得怎么样？ Nǐ zuótiān shuìde zěnmeyàng?
（あなたは昨日睡眠はどうでしたか）

2.3 名詞／動詞／文＋“怎么样”？：提案についての意見を聞く

⑨ 李伟不行，王英怎么样？ Lǐ Wěi bù xíng, Wáng Yīng zěnmeyàng?
（李偉さんがだめなら、王英さんはどうですか）

⑩ 今天不去踢足球，去游泳怎么样？
Jīntiān bú qù tī zúqiú, qù yóuyǒng zěnmeyàng?
（今日サッカーをしに行かないなら、泳ぎに行くのはどう？）

練　習

1．次の中国語を日本語に訳してください。

① 怎么申请去中国留学的奖学金?

② 你怎么在手机上买中国的东西?

③ 你看，我这件衣服怎么样?

④ 咱们别打的，坐地铁去怎么样?

⑤ 她日本菜做得怎么样?

2．次のピンインを中国語に直し、日本語に訳してください。

① Qǐng nǐ jiāo wǒ zěnme bāo jiǎozi hǎo ma?

② Nèige Yīngguó liúxuéshēng Hànzì xiěde zěnmeyàng?

③ Nǐ zěnme zài wēixìnshang gěi Zhōngguó de jiārén huìkuǎn?

④ Nǐ juéde zhèige diànyǐng zěnmeyàng? Yǒu yìsi ma?

⑤ Míngtiān wǒ méi kòng, hòutiān zěnmeyàng?

3．次の日本語を中国語に訳してください。

① この刺身はどう？新鮮でしょう？

② 明日天気がよければ、山登りに行くのはどうですか。

③ 王康さんの誕生日プレゼントは時計を送りたいと思うけど、どう？

④ ネットの資料はどのように印刷するのですか。

⑤ どうやって Zoom を使うか教えてください。

4．次の誤文を正しく直してください。

① あなたは単語をどのように覚えるのですか。

＊你怎么记词汇的吗?

② 上野動物園はいかがでしょうか。

＊上野动物园是怎么样吧?

③ あなたは毎日どうやって学校に行きますか。

＊你每天怎么学校去吗?

④ 彼は車の運転はどうですか。

＊他开车得怎么样?

⑤ アメリカの大学教育はどうでしょうか。

＊美国的大学教育怎么样吗?

第26課

“为什么”と“怎么”

“为什么 wèi shénme”も“怎么 zěnme”も理由や原因をたずねますが、用法は少し異なります。“为什么”は主観、客観にかかわらず、あらゆる原因、理由について使えます。単独で疑問文になります。“怎么”は不満のニュアンスを強く表しますが、不思議に思う気持ちで答えを求めない時にも使えます。単独で使えません。どちらも主語の前にも後にも置けます。

1 “为什么”：なぜ、どうして

1.1 一般的にわからない理由や原因を聞く

単独で疑問文になります。

① 为什么圣诞节要送人苹果?
Wèi shénme Shèngdànjié yào sòng rén píngguǒ?
（どうしてクリスマスにリンゴをプレゼントするのですか）

② 为什么你买这个，不买那个?
Wèi shénme nǐ mǎi zhèige, bù mǎi nèige?
（どうしてあなたはこれを買うの？あれを買わないの？）

③ A：我喜欢冬天。Wǒ xǐhuan dōngtiān.（私は冬が好きです）
B：为什么? Wèi shénme?（どうして？）

1.2 “为什么”しか使えない場合

科学、歴史などの事実についての質問。

④ 为什么会打雷? 为什么会闪电?
Wèi shénme huì dǎléi? Wèi shénme huì shǎndiàn?
（どうして雷が鳴るの？どうして稲妻が光るの？）

⑤ 为什么会发生第一次世界大战？
Wèi shénme huì fāshēng Dì-Yī-Cì Shìjiè Dàzhàn?
（第一次世界大戦はなぜ起こったの？）

2 “怎么”：なぜ、どうして

2.1 主語＋“怎么”＋助動詞＋…：不満の気持ち

答えを求めない不満を表します。“为什么”は使えません。

⑥ 他怎么能不来呢？ 这么重要的会议。
Tā zěnme néng bù lái ne? Zhème zhòngyào de huìyì.
（彼はなぜ来ないでいられるの？こんなに重要な会議なのに）

⑦ 他怎么可以那么说？ 真没礼貌。
Tā zěnme kěyǐ nàme shuō? Zhēn méi lǐmào.
（彼はなぜあのように言えるの？本当に失礼だ）

2.2 主語＋“怎么”＋動詞＋…：不満、不思議に思う気持ち

“为什么”も使えますが、“怎么”の方が不思議に思うニュアンスがよく表せます。

⑧ 这个点心这么好吃，你怎么不吃啊？
Zhèige diǎnxin zhème hǎochī, nǐ zěnme bù chī a?
（このお菓子はこんなおいしいのに、なぜ食べないの？）

⑨ 这几天怎么感染者又增加了？
Zhè jǐ tiān zěnme gǎnrǎnzhě yòu zēngjiā le?
（この数日なぜ感染者がまた増えたの？）

3 “为什么”と“怎么”の違い

どちらも理由をたずねますが、不満がなければ“为什么”を、不満があれば“怎么”を使います。

⑩ 你为什么不学习汉语了？ Nǐ wèi shénme bù xuéxí Hànyǔ le?
（なぜ中国語の勉強をやめたの？）

你怎么不学习汉语了？ Nǐ zěnme bù xuéxí Hànyǔ le?
（なぜ中国語の勉強をやめたの？）〈不満、不思議〉

⑪ 他身体不好，为什么不说？ Tā shēntǐ bù hǎo, wèi shénme bù shuō?
（彼は調子が悪いのに、なぜ言わないの？）

他身体不好，怎么不说？ Tā shēntǐ bù hǎo, zěnme bù shuō?
（彼は調子が悪いのに、なぜ言わないの？）〈不満〉

練　習

1．次の中国語を日本語に訳してください。

① 你怎么随便拿别人的东西啊？不行！

② 为什么人需要运动和睡眠？

③ 八点了，他怎么还没起床呢？

④ 慢慢儿说，你为什么要辞职？

⑤ 李强成绩不错啊，为什么没考上那所大学？

2．次のピンインを中国語に直し、日本語に訳してください。

① Zuótiān nǐ zěnme méi gěi wǒ dǎ diànhuà?

② Wèi shénme nǐ jiānglái xiǎng zìjǐ kāi gōngsī?

③ Zěnme méiyǒu yí ge guójiā fǎnduì nèige yìjiàn ne?

④ Jīntiān Wáng Jiàn zěnme méi lái shàngbān?

⑤ Tā zhèi cì kǎoshì wèi shénme bù jígé?

3．次の日本語を中国語に訳してください。

① 彼はなぜ２週間も授業に来なかったのですか。（不満）

② みんなわかったのに、なぜ彼はわからないの？

③ どうして中国人は人に時計を贈ってはいけないのですか。

④ ケータイはどうしてあんなにたくさんの機能があるの？

⑤ あなたはなぜ私の言うことを聞かないの？

4．次の誤文を正しく直してください。

① あなたはどうして宿題を忘れたの？

＊你怎么作业忘了?

② どうして日本人はあんなにパンダが好きなのですか。

＊怎么日本人那么熊猫喜欢?

③ どうして彼はまだあなたにお金を返してないの？

＊为什么他不还你钱?

④ どうしてクジラは哺乳類なのですか。

＊怎么鲸鱼是哺乳动物?

⑤ 不思議に思わないの？どうして戦争はずっとあるの？

＊你不觉得奇怪吗? 为什么战争一直有?

5

構造助詞

第27課

“的”

構造助詞“的 de”は日本語の「の」にあたり、用法が同じところもありますが、異なるところもあります。

1 名詞＋“的”＋名詞

① 日本的便利店 Rìběn de biànlìdiàn（日本のコンビニ）

② 王英的家 Wáng Yīng de jiā（王英さんの家）

2 代名詞＋“的”＋名詞

2.1 代名詞＋“的”＋一般名詞

③ 他的平板电脑 tā de píngbǎn diànnǎo（彼のタブレット）

④ 我的书包 wǒ de shūbāo（私のかばん）

2.2 代名詞(＋“的”)＋親族名詞 / 所属名詞

代名詞が親族名詞と所属名詞を修飾する時、“的”を省略可。

⑤ 他（的）爷爷和他（的）奶奶。Tā (de) yéye hé tā (de) nǎinai.
（彼のおじいさんとおばあさん）

⑥ 我们（的）学校和他们（的）学校。
Wǒmen (de) xuéxiào hé tāmen (de) xuéxiào.
（私達の学校と彼らの学校）

3 形容詞＋“的”＋名詞

ほとんどの形容詞は名詞を修飾する時、“的”が必要。単音節の性質形容詞は“的”がいりません。2音節の形容詞と否定形は全て“的”が必要です。

⑦ 好人 hǎo rén —— 不好的人 bù hǎo de rén
（いい人）　　　（良くない人）

⑧ 聪明的人 cōngmíng de rén —— 不聪明的人 bù cōngmíng de rén
（賢い人）　　　（賢くない人）

4 動詞＋"的"＋名詞

動詞は名詞を修飾する時、"的"が必要。過去、現在、未来の区別がないので、時間詞などで判断します。

⑨ 昨天做的菜 zuótiān zuò de cài（昨日作った料理）
现在做的菜 xiànzài zuò de cài（今作っている料理）
明天做的菜 míngtiān zuò de cài（明日作る料理）

⑩ 昨天喝的茶 zuótiān hē de chá（昨日飲んだお茶）
现在喝的茶 xiànzài hē de chá（今飲んでいるお茶）
明天喝的茶 míngtiān hē de chá（明日飲むお茶）

5 名詞 / 代名詞 / 形容詞 / 動詞＋"的" ＝ 名詞

「名詞 / 代名詞 / 形容詞 / 動詞＋"的"」で名詞になります。日本語の「私の、安いの、昨日食べたの」と同じです。

⑪ 这是我的，那是李健的。Zhè shì wǒ de, nà shì Lǐ Jiàn de.
（これは私ので、それは李健さんのだ）

⑫ 好的不便宜，便宜的不好。Hǎo de bù piányi, piányi de bù hǎo.
（良いものは安くなくて、安いものは良くない）

⑬ 这是我做的，不是买的。Zhè shì wǒ zuò de, bú shì mǎi de.
（これは私が作ったもので、買ったものではない）

練　習

1．次の中国語を日本語に訳してください。

① 买的菜不好吃，自己做的比较好吃。

② 我哥哥的女朋友是他们学校的职员。

③ 这些栗子大的小的都好吃。

④ 中国的世界文化遗产很多。

⑤ 她儿子是南京大学的学生，不是北京大学的学生。

2．次のピンインを中国語に直し、日本語に訳してください。

① Lǐ Míng de bàba shì wǒmen dàxué de lǎoshī.

② Wǒ zài Zhōngguó mǎi de jiǔ hǎohē ma?

③ Hǎochī de cài bù piányi, piányi de cài bù hǎochī.

④ Wáng Hǎi de dìdi hěn xǐhuan kàn Rìběn de dòngmàn.

⑤ Jīnnián qù hǎibianr yóuyǒng de rén bù duō.

3．次の日本語を中国語に訳してください。

① 彼の誕生日は４月１日ではない。

② これは日本の伝統的な文化ですか。

③ あれは会社のパソコンで、私のではない。

④ 彼が起きた時、彼のお父さんはまだ起きていなかった。

⑤ これは彼が書いた小説です。読みますか。

4．次の誤文を正しく直してください。

① 李先生の弟さんは明日、日本に来る。

＊李老师弟弟明天来日本。

② 今日の授業はとても楽しかった。

＊今天的上课很愉快了。

③ 昨日見た試合は大変面白かった。

＊昨天我们看比赛很有意思了。

④ 彼らの大学の図書館はとても大きい。

＊他们大学图书馆很大的。

⑤ 人生でもっとも大切なものは何でしょうか。

＊人生的最重要东西是什么?

第28課

“得”

構造助詞の“得 de”は動詞の後につけ、その後は「程度副詞＋形容詞」、或いは単文で、動作や状況について評価や描写をします。目的語がある場合は動詞の前に置くか、目的語の後にもう一度動詞を言います。“得”は形容詞の後につけると、人・物事の状態、程度を表します。その後は、程度副詞“很”(とても)、“多”(随分)、或いは単文です。

1 動詞＋“得”(＋副詞)＋形容詞／文

1.1 動作の評価

① 王明跑得很慢。Wáng Míng pǎode hěn màn.
(王明さんは走るのが遅い)

② 李健乒乓球打得很好。Lǐ Jiàn pīngpāngqiú dǎde hěn hǎo.
(李健さんは卓球が上手だ)

③ 我开车开得不太好。Wǒ kāichē kāide bú tài hǎo.
(私は車の運転があまり上手ではない)

④ 他中国菜做得像大厨师一样。
Tā Zhōngguócài zuòde xiàng dà chúshī yíyàng.
(彼は、中国料理を作るのが名コックのように上手だ)

1.2 動作の描写

⑤ 台风来的时候，树枝摇得很厉害。
Táifēng lái de shíhou, shùzhī yáode hěn lìhai.
(台風が来て、木の枝が激しく揺れた)

⑥ 他笑得很开心。Tā xiàode hěn kāixīn.
(彼は楽しそうに笑っている)

2 形容詞＋“得”＋状態、程度を表す副詞／文

2.1 形容詞＋“得”＋“很”

⑦ 今天闷热得很。Jīntiān mēnrède hěn.
（今日はとても蒸し暑い）

⑧ 他家远得很。Tā jiā yuǎnde hěn.
（彼の家はとても遠い）

2.2 形容詞＋“得”＋“多”

比較文にしか使えません。

⑨ 中国比日本大得多。Zhōngguó bǐ Rìběn dàde duō.
（中国は日本よりずっと広い）

⑩ 他的汉语比我好得多。Tā de Hànyǔ bǐ wǒ hǎode duō.
（彼は中国語が私よりずっと上手だ）

2.3 形容詞＋“得”＋状態を表す単文

⑪ 我累得不想吃饭。Wǒ lèide bù xiǎng chīfàn.
（私は疲れてご飯も食べたくない）

⑫ 他忙得没时间休息。Tā mángde méi shíjiān xiūxi.
（彼は忙しくて休む時間もない）

練　習

1．次の中国語を日本語に訳してください。

① 这个 APP 比那个 APP 方便得多。

② 李老师汉语教得怎么样?

③ 今天风刮得很大。

④ 他高兴得跳起来。

⑤ 他女儿的成绩好得很。

2．次のピンインを中国語に直し、日本語にも訳してください。

① Lǐ Jiàn de gēge bǐ wǒ gēge gāode duō.

② Shānzhōng de mèimei tán gāngqín tánde hěn búcuò.

③ Zhèige diànnǎo guìde hěn.

④ Dìzhèn shí, fángzi yáode hěn lìhai.

⑤ Zhōngtián zúqiú tīde zěnmeyàng?

3．次の日本語を中国語に訳してください。

① 今年は昨年よりずいぶん寒い。

② 田中さんは中国料理を作るのがうまい。

③ あの子は笑っている様子がとても可愛い。

④ 彼女はひどい風邪をひいている。

⑤ 私達は楽しくおしゃべりをした。

4．次の誤文を正しく直してください。

① 私は中国語を流暢に話せない。

＊我不会流利说汉语。

② 私達は毎日楽しく過ごしている。

＊我们每天过很愉快。

③ 今日は早く寝たい。

＊今天我想睡得早。

④ 彼は車の運転でとても飛ばす（スピードを出す）。

＊他开车得很快。

⑤ 彼の成績は私よりとてもよい。

＊他的成绩比我很好。

第29課

“地”

構造助詞“地”の発音は“dì”ではなく“de”です。2音節の形容詞、形容詞の重ね型、副詞、動詞句の後につけ、“地”の後ろの動詞を修飾します。未来或いは今行っている（目の前で行った）動作に使い、過去の動作には使えません。形容詞の重ね型と2音節の形容詞、方式や状況を表す副詞（方式副詞という）の後の“地”はよく省略されます。動詞句の“地”は省略不可。

1　形容詞の重ね型＋“地”＋動詞

“地”はよく省略します。

① 我慢慢儿（地）说，你好好儿（地）听。
Wǒ mànmānr (de) shuō, nǐ hǎohāor (de) tīng.
（ゆっくり言うから、ちゃんと聞いて）

② 他在那儿高高兴兴（地）唱歌。
Tā zài nàr gāogāo xìngxing (de) chàng gē.
（彼はあそこでとてもうれしそうに歌っている）

2　2音節の形容詞＋“地”＋動詞

“地”はよく省略します。

③ 我简单（地）回答你。Wǒ jiǎndān (de) huídá nǐ.
（あなたに簡単に答えます）

④ 他每天努力（地）工作。Tā měitiān nǔlì (de) gōngzuò.
（彼は毎日一生懸命働いている）

3 方式を表す副詞＋“地”＋動詞

“地”はよく省略します。

⑤ 他悄悄（地）走了。Tā qiāoqiāo (de) zǒu le.
（彼はひっそりと行ってしまった）

⑥ 我大力（地）支持你，你放心。Wǒ dàlì (de) zhīchí nǐ,nǐ fàngxīn.
（私は大いにあなたをサポートするから安心して）

4 状況を表す動詞句＋“地”＋動詞

“地”は省略できません。

⑦ 他不停地说自己的事。Tā bù tíng de shuō zìjǐ de shì.
（彼はずっと自分のことを話している）

⑧ 他对我笑笑地走过来。Tā duì wǒ xiàoxiao de zǒuguòlai.
（彼は私に笑いながらやって来る）

練　習

1．次の中国語を日本語に訳してください。

① 王老师很谦虚地回答了我们的问题。

② 我们都得认认真真地学习汉语。

③ 我希望大家都能安安全全地回家。

④ 他悄悄地离开了他的老家。

⑤ 他大声地说：“我没醉！”

2．次のピンインを中国語に直し、日本語に訳してください。

① Wǒ māma shēngqì de pīpíngle wǒ.

② Gěi nǐ shí fēnzhōng, Nǐ mànmānr de xiǎng.

③ Xiǎo Míng gāoxìng de hǎnzhe, “Wǒ yìbǎi fēn le!”

④ Nǐ hǎohāor de tīng nǐ jiějie shuō, bié jí.

⑤ Zhèige wèntí wǒ yào lěngjìng de kǎolǜ kǎolü.

3．次の日本語を中国語に訳してください。

① きちんと話しなさい。

② この資料をちゃんと調べたの？

③ 心から感謝いたします。

④ 今年私は一生懸命中国語を勉強したい。

⑤ 彼は条件つきであなたの意見に賛成します。

4．次の誤文を正しく直してください。

① ちゃんと宿題をしなさい。

＊你做好作业吧。

② 彼はとても緊張して質問に答える。

＊他紧张紧张地回答问题。

③ 彼は大声で笑っている。

＊他笑很大声。

④ ゆっくり運転しなさい。

＊请你慢开车。

⑤ 彼はずっと頭を横に振っている。

＊他不停摇头。

6

助動詞

第 30 課

“想”と“要”

“想 xiǎng”は動詞「考える」と助動詞「…したい」があります。助動詞“想”の否定は“不想”で、程度副詞で修飾できます。

“要 yào”も動詞「いる、ほしい」と助動詞「…する予定である」「…するつもりだ」「…しなければならない」があります。否定は“不”と、“不要”。程度副詞で修飾できません（第 4 課参照）。

“想”と“要”の「したい」の違いは、標準語では“想”は「気持ちだけ」で、“要”は意志が強く、すでに「決めた」です。南方では両方とも“要”を使います。

1 助動詞の“想”

決定しているわけではなく、「心の中でしたいと思っている」というニュアンス。程度副詞“很”などで修飾できます。否定は“不”をつけます。

① 我很想买车，不想买房子。
Wǒ hěn xiǎng mǎi chē, bù xiǎng mǎi fángzi.
（私はとても車を買いたいが、家は買いたくない）

② A：你想去上海旅游吗？ Nǐ xiǎng qù Shànghǎi lǚyóu ma?
（上海に旅行に行きたいですか）
B：想。Xiǎng.（したい）／不想。Bù xiǎng.（したくない）／
很想。Hěn xiǎng.（とてもしたい）

2 助動詞の“要”

2.1 …するつもりだ、…したい

主に南方で使い、北方では“想”を使います。否定は“不”だけで、“很”などで修飾は不可。

③ 李山毕业后要回国。Lǐ Shān bìyè hòu yào huí guó.
（李山さんは卒業後、帰国するつもりだ）

④ 我明天不去看电影。Wǒ míngtiān bú qù kàn diànyǐng.
（明日映画を見に行くつもりはない）

2.2 …する予定である

意志が強く、もう「決めた」時に使います。否定は“不”。

⑤ 她明年要结婚了。Tā míngnián yào jiéhūn le.
（彼女は来年結婚する予定です）

⑥ 他后天不去东京出差。他要去大阪。
Tā hòutiān bú qù Dōngjīng chūchāi. Tā yào qù Dàbǎn.
（彼は明後日出張で東京ではなく、大阪に行く予定だ）

2.3 …すべきだ、…しなければならない

忠告、警告のニュアンスがあり、否定は“不要”。

⑦ 开车时要小心，不要打电话。
Kāichē shí yào xiǎoxīn, bú yào dǎ diànhuà.
（運転する時は気をつけるべきだ、電話をかけないで）

⑧ 上课时不要看手机，要注意听课。
Shàngkè shí bú yào kàn shǒujī, yào zhùyì tīng kè.
（授業の時はケータイを見ないで、授業に集中しなければならない）

2.4 決心を表す「する」

否定は“不”。

⑨ 我不去东京，我要去北京。Wǒ bú qù Dōngjīng, wǒ yào qù Běijīng.
（私は東京に行かない、北京に行く）

⑩ 我不说，你说吧。Wǒ bù shuō, nǐ shuō ba.
（私は言わない、あなたが言いなさい）

練　習

1．次の中国語を日本語に訳してください。

① 你要吃什么，你自己在网上订吧。

② 山下不想现在告诉她，他想明天告诉她。

③ 我今晚不想做饭，咱们去外边儿吃吧。

④ 现在流感在流行，你一定要戴口罩，多洗手。

⑤ 我想打日本的疫苗，不想打美国的。

2．次のピンインを中国語に直し、日本語に訳してください。

① Shānběn hěn xiǎng chī nǐ zuò de jiǎozi.

② Zhèi jiàn shìqing nǐ bú yào gàosu Wáng lǎoshī.

③ Wǒ bù xiǎng xiàtiān qù, wǒ xiǎng qiūtiān qù.

④ Lǐ Míng de jiějie xià ge yuè yào dāng māma le.

⑤ Nǐ bú yào shàng wǎng le, kuài qù xuéxí.

3．次の日本語を中国語に訳してください。

① 明日の午後病院に薬を取りに行きます。

② 彼は日本で就職したくないそうです。

③ 以前私は医者になりたかったが、今は小学校の先生になりたい。（願望）

④ 今何を食べたいの？行きましょう、ご馳走します。（考え中）

⑤ 今日は気分がよくないので、朝ごはんを食べたくない。（気持ちで食べたくない）

4．次の誤文を正しく直してください。

① 明日東京に行きます。

　＊明天我去东京。

② 私は１人で中国に行きたい。

　＊我一个人想去中国。

③ 今日はラーメンとチャーハンを食べたくない。

　＊今天我不要吃拉面和炒饭。

④ ここでおしゃべりをしてはいけない。

　＊在这儿不说话。

⑤ 今週の日曜日弟の野球の試合を見に行く予定です。

　＊这个星期天我去看弟弟的棒球比赛。

第31課

“会”

助動詞の“会 huì”は動詞の前に置き、①技能があって「できる」、②推測の可能性「…はずだ」③「…するのが上手だ」の用法があります。3つとも肯定は“会”、否定は“不会”。過去も現在も未来も“会”か“不会”です。

1 技能があってできる“会”：…できる

料理、スポーツなどの技能があって「できる」の意味で、単独で返答できます。否定は“不会”。「少しできる」は“会一点儿”です。

① 我会骑自行车，不会骑摩托车。
Wǒ huì qí zìxíngchē, bú huì qí mótuōchē.
（私は自転車に乗れるが、バイクには乗れない）

② 他会说一点儿汉语，不会说韩语。
Tā huì shuō yìdiǎnr Hànyǔ, bú huì shuō Hányǔ.
（彼は中国語が少し話せるが、韓国語はできない）

2 可能性を推測する“会”：…はずだ、…だろう

可能性の推測を表します。否定は“不会”(…はずはない）で、文末によく断定を表す語気詞“的”を使います。

③ 明天会下雨吗？ Míngtiān huì xiàyǔ ma?（明日、雨が降るでしょうか）

④ 我觉得他不会同意我们的意见（的）。
Wǒ juéde tā bú huì tóngyì wǒmen de yìjiàn (de).
（私は彼は私達の意見に賛成しないと思う）

3 「上手だ」の“会”：…するのが上手だ

ほめる表現ですが、皮肉で使われることが多いです。よく“很”と一緒に使います。

⑤ 他很会说话，你要小心。Tā hěn huì shuō huà, nǐ yào xiǎoxīn.
（彼は話がとてもうまいから、気をつけなければならない）

⑥ 我老婆很会买东西，我不会。
Wǒ lǎopo hěn huì mǎi dōngxi, wǒ bú huì.
（妻は買い物がうまいが、私はうまくない）

4 “会”の疑問文

文末に“吗”をつけるか、“会”の「肯定＋否定」（反復疑問文）で質問します。

⑦ 你会开车吗？ Nǐ huì kāichē ma?（車の運転ができますか）
⑧ 你会不会开车？ Nǐ huì bu huì kāichē?（車の運転ができますか）

練　習

1．次の中国語を日本語に訳してください。

① 他只会上网，不会下载软件。
② 中山好像感冒了，今天不会来吧。
③ 我不会做麻婆豆腐，你会不会做？
④ 她很会讲故事，孩子们都很喜欢她。
⑤ 我想现在会堵车，你别开车去。

2．次のピンインを中国語に直し、日本語に訳してください。

① Wǒ bú huì dǎ bàngqiú, zhǐ huì dǎ páiqiú.

② Nǐ gēge de háizi xiànzài huì zǒu le ma?

③ Zhāng Míng de māma hěn huì bāo jiǎozi, bāode hěn hǎochī.

④ Wáng Hǎi huì bu huì gàosu Lǐ lǎoshī?

⑤ Zhōngběn yídìng huì lái. Nǐ fàngxīn.

3．次の日本語を中国語に訳してください。

① 安心しなさい。彼の病気はきっと治るよ。

② 私は小学校１年生の時、まだ自転車に乗れなかった。

③ 李強さんは卓球がすごく上手ですが、あなたはできますか。

④ 彼は会議をとりしきるのがとても上手です。

⑤ 明日どんなことが起こるか、私はわからないよ。

4．次の誤文を正しく直してください。

① 明日雪が降るだろうか。

＊明天可能下雪吗?

② 私はカレーライスだけ作れる。

＊我只可以做咖喱饭。

③ 彼は来年中国に留学すると思う。

＊我想他明年去中国留学。

④ 私はこのソフトをダウンロードできない。

＊我不能下载这个软件。

⑤ 私は絶対にこのことを忘れられない。

＊我一定不能忘记这件事。

第 32 課

“能”

助動詞“能 néng”は高い能力、条件、許可でできることを表します。否定は“不能”。

1 高い能力でできること

習ってから普通のレベルまでは“会”を使いますが、高い能力でできること（翻訳、通訳、教えることなど）は“能”を使います。

① 王英会游泳，不过不能游一千米。
Wáng Yīng huì yóuyǒng, búguò bù néng yóu yìqiān mǐ.
（王英さんは泳げるが、1000 メートルは泳げない）

② 我会打篮球，可是不能当教练。
Wǒ huì dǎ lánqiú, kěshì bù néng dāng jiàoliàn.
（バスケットボールはできるが、監督にはなれない）

2 主観、客観的な条件でできること

主観、客観的な条件でできることは“能”を使います。“会”は使えません。

③ 明天我有事，不能去。Míngtiān wǒ yǒu shì, bù néng qù.
（明日用事があるので行けない）

④ 这个教室能看电视吗？ Zhèige jiàoshì néng kàn diànshì ma?
（この教室はテレビを見られますか）

3 許可されてできること

道徳や規則、法律などで許されること（体罰、飲酒運転など）も“能”を使います。“不能”は禁止の意味があります。

⑤ 以前父母能打孩子，现在不能打了。
Yǐqián fùmǔ néng dǎ háizi, xiànzài bù néng dǎ le.
（以前、親は子供を叩けたが、今はできなくなった）

⑥ 中国二十岁能喝酒，美国不能。
Zhōngguó èrshí suì néng hē jiǔ, Měiguó bù néng.
（中国では 20 歳は酒を飲めるが、アメリカではできない）

4 疑問文

文末に“吗”をつけるか、「肯定＋否定」の“能不能”を使います。

⑦ 这儿能用信用卡吗？ Zhèr néng yòng xìnyòngkǎ ma?
（ここはクレジットカードが使えますか）

⑧ 你能不能原谅他？ Nǐ néng bu néng yuánliàng tā?
（あなたは彼を許せる？）

練　習

1．次の中国語を日本語に訳しなさい。

① 在日本不能随便停车。
② 电脑出问题不能怪我啊。
③ 这儿没有 Wi-Fi，我的手机不能付款。
④ 昨天给你发的那个附件能打开吗？
⑤ 你学了六年英语了，能教小学生英语吧！

2．次のピンインを中国語に直し、日本語にも訳しなさい。

① Wǒ huì kāichē , kěshì bù néng jiāo nǐ kāichē.

② Zhèr néng yòng xìnyòngkǎ fù qián ma?

③ Duìbuqǐ, zhèr bù néng chōu yān.

④ Nǐ néng bu néng jiè wǒ yìbǎi Rìyuán?

⑤ Shàngkè shí bù néng chī dōngxi.

3．次の日本語を中国語に訳しなさい。

① 以前は納豆を食べられなかったが、今は食べられる。

② 明日李明さんは9時に来られますか。

③ 地下鉄で、携帯電話をかけることができますか。

④ 中国では、20歳では結婚できないそうです。

⑤ あなたの携帯電話はオンライン授業を受けることができますか。

4．次の誤文を正しく直しなさい。

① 外がうるさくて、私は休めない。

＊外边儿很吵，我不会休息。

② 動機があれば、勉強が続けられる。

＊有动机，就会继续学习。

③ コロナで、彼に会えない。

＊因为新冠，我不会见他。

④ 今年郭先生の授業を受けられない。

＊今年我不会上郭老师的课。

⑤ ここは現金を使えますか。

＊这里会使用现金吗？

第33課

“可以”

“可以 kěyǐ” は “能” と同じく、条件と許可でできることを表しますが、許可の時は “能” よりよく使われます。条件によりできることは肯定形だけで、否定の “不可以” は不許可を表します。また “可以” は「する価値があること」と、「評価すること」を表すことができ、単独で疑問文になれますが、“能” はできません。

1 許可を表す

法律、規則、道徳上で許されることを表します。否定は “不可以”。

① 这儿不可以停车，那儿可以。Zhèr bù kěyǐ tíngchē, nàr kěyǐ.
（ここは駐車禁止だが、あそこは大丈夫だ）

② 大学生可以参加，高中生不可以。
Dàxuéshēng kěyǐ cānjiā, gāozhōngshēng bù kěyǐ.
（大学生は参加できるが、高校生はできない）

2 条件でできることを表す

肯定形は “能” と同じですが、否定の “不可以” は不許可を表します。

③ 明天我可以来。Míngtiān wǒ kěyǐ lái.
（明日は（都合がいいから）来られる）

④ 明天我不可以来。Míngtiān wǒ bù kěyǐ lái.
（明日（誰かに禁止されて）来られない）

⑤ 新干线上可以打电话。Xīngànxiànshang kěyǐ dǎ diànhuà.
（新幹線では（電波がいいから）電話をかけられる）

⑥ 新干线上不可以打电话。Xīngànxiànshang bù kěyǐ dǎ diànhuà.
（（人に迷惑をかけるので）新幹線では電話をかけてはいけない）

3 する価値があることを表す

する価値がある事を言う時に使います。否定の用法はありません。

⑦ 这个方法不错，可以试试。Zhèige fāngfǎ búcuò, kěyǐ shìshi.
（この方法は素晴らしい、試す価値がある）

⑧ 这个题目很好，你可以研究研究。
Zhèige tímù hěn hǎo, nǐ kěyǐ yánjiū yánjiu.
（このテーマはいいので、ちょっと研究する価値がある）

4 …に賛成 / 反対することを表す

文末か返事で使います。“能”は使えません。肯定文は副詞“还”と使うと、「まあまあ」の意味になります。

⑨ 这个不可以，那个还可以。Zhèige bù kěyǐ, nèige hái kěyǐ.
（これはだめ、あれはまあまあよい）

⑩ 可以，你的想法我同意。Kěyǐ, nǐ de xiǎngfǎ wǒ tóngyì.
（いいですよ。あなたの考え方に同意します）

5 疑問文

文末に“吗”か、“可以不可以”か“可不可以”を使います。相手の許可を求める時も、よく肯定文の後に単独で使います。

⑪ 美国二十岁可以喝酒吗？ Měiguó èrshí suì kěyǐ hē jiǔ ma?
（アメリカでは20歳で酒を飲める？）

⑫ 老师，作业可（以）不可以明天交？
Lǎoshī, zuòyè kě (yǐ) bu kěyǐ míngtiān jiāo?
（先生、宿題を明日提出してもいいですか）

⑬ 老师，作业我明天交，可以吗？
Lǎoshī, zuòyè wǒ míngtiān jiāo, kěyǐ ma?
（先生、宿題を明日提出してもいいですか）

練　習

1．次の中国語を日本語に訳してください。

① 借钱不可以不还。

② 可以，明天我没事儿，可以去。

③ 这个价格还可以，你可以买。

④ 对不起，这些书可以打折吗？

⑤ 那个学校规定学生不可以染发。

2．次のピンインを中国語に直し、日本語に訳してください。

① Kěyǐ, xīngqītiān wǒ qù bāng nǐ.

② Nǐ shíbā suì, bù kěyǐ hē jiǔ.

③ Zài túshūguǎn bù kěyǐ dàshēng shuōhuà.

④ Lǎoshī, wǒ kěyǐ shàng xǐshǒujiān ma?

⑤ Qīshí suì yǐshàng de rén kěyǐ miǎnfèi kàn diànyǐng.

3．次の日本語を中国語に訳してください。

① いいですよ、午後4時に電話をします。

② この服を試着してもいいですか。

③ 留学生はみんな参加できますよ。

④ 日本に来たら、京都を見に行く価値がある。

⑤ バイクに乗る時に、ヘルメットを使用しないといけない。

4．次の誤文を正しく直してください。

① 明日用事があるので授業に出られない。

＊明天我有事，不可以上课。

② 私は中国語が少し話せる。

＊我可以说汉语一点儿。

③ あのことは本当に想像できない。

＊那件事真的不可以想像。

④ 今日は雨なので、サッカーに行けない。

＊今天下雨，我不可以去踢足球。

⑤ コロナの関係で、私は留学に行けなくなった。

＊因为新冠，我不可以去留学了。

第34課

“应该”と“得”

“应该 yīnggāi”と“得 děi”は動詞の前に置き、人情や道理で「…をしなければならない」、「…すべきだ」の意味です。“得”は口語的で、否定形はありません。“应该”は口語でも書面でも使え、肯定形も否定形もあり（“应该”“不应该”）、推測の意味もあります。

1 “应该”も“得”も使える：…しなければならない、…すべきだ

どちらも後に動詞句、形容詞句、主述句が来ます。北方はよく“得”を使い、南方は“应该”を使います。

① 这件事你自己应该（／得）反省一下。
Zhèi jiàn shì nǐ zìjǐ yīnggāi (/děi) fǎnxǐng yíxià.
（このことは自分でちょっと反省すべきだ）

② 现在你应该（／得）冷静。Xiànzài nǐ yīnggāi (/děi) lěngjìng.
（今は冷静になるべきだ）

③ 今天的作业应该（／得）今天做。
Jīntiān de zuòyè yīnggāi (/děi) jīntiān zuò.
（今日の宿題は今日中にしなければならない）

2 “应该”は使えるが、“得”は使えない場合

2.1 “应该”は返事で単独で使えるが、“得”は使えない

④ A：你觉得应该孝顺父母吗？ Nǐ juéde yīnggāi xiàoshùn fùmǔ ma?
（親孝行をすべきだと思いますか）
B：应该。Yīnggāi.（すべきです）

⑤ A：你觉得他应该做吗？ Nǐ juéde tā yīnggāi zuò ma?

（彼はやるべきだと思いますか）

B：不应该。Bù yīnggāi.（やるべきではありません）

2.2 “应该”は否定形があるが、“得”はない

“应该”の否定形は“不应该”(…すべきではない）で、反省と注意の時に使います。“得”の否定はありません。「…しなくてもいい、…する必要がない」は“不用”です。

⑥ 对不起，我不应该生气。Duìbuqǐ, wǒ bù yīnggāi shēngqì.

（ごめんなさい、私は怒るべきではない）

⑦ 你应该注意健康，不应该天天喝酒。

Nǐ yīnggāi zhùyì jiànkāng, bù yīnggāi tiāntiān hē jiǔ.

（あなたは健康に注意すべきだ、毎日お酒を飲むべきではない）

⑧ 明天他得去，你不用去。Míngtiān tā děi qù, nǐ búyòng qù.

（明日彼は行くべきだ。あなたは行く必要がない）

2.3 “应该”は推測の意味（…はずだ）があるが、“得”はない

否定は“应该不会…”、“应该不是…”(…するはずはない)。

⑨ 他们应该是韩国人吧。Tāmen yīnggāi shì Hánguórén ba.

（彼らは韓国人のはずだろう）

⑩ 明天他应该不会来吧。Míngtiān tā yīnggāi bú huì lái ba.

（明日彼は来るはずはないでしょう）

⑪ 他们应该不是留学生，一定是进修生。

Tāmen yīnggāi bú shì liúxuéshēng, yídìng shì jìnxiūshēng.

（彼らは留学生ではなく、絶対に研修生のはずだ）

練　習

1．次の中国語を日本語に訳してください。

① 你的话，他应该明白吧。

② 我们大学得学习两种外语。

③ 做事有时得主动，有时不用主动。

④ 你的房间应该打扫一下了。

⑤ 他应该知道了吧，你不用告诉他。

2．次のピンインを中国語に直し、日本語に訳してさい。

① Zuò gōngjiāochē qīshí suì de lǎoren děi mǎi piào ma?

② Wǔ liù suì de háizi yīnggāi hěn kě’ài ba.

③ Míngtiān Tiánzhōng děi lái, Zhōngtián búyòng lái.

④ Zhèi jiàn shì bù yīnggāi nǐ zuò, yīnggāi Lǐ Qiáng lái zuò.

⑤ Nèi jiā yīyuàn xiàwǔ rén yīnggāi bù duō, nǐ yīnggāi xiàwǔ qù.

3．次の日本語を中国語に訳してください。

① 今週の日曜日彼は時間があるはずだ。

② 彼は奥さんの誕生日を忘れるべきではない。

③ 留学生も健康保険料を払わなければなりませんか。

④ 政府は全ての国民の安全を守らなければならないと思う。

⑤ 私達は自分の国の歴史と経済を少し勉強しなければならない。

4．次の誤文を正しく直してください。

① 彼は明日来るはずだと思う。

＊我想他明天来。

② これから、健康に注意しなければならない。

＊以后我注意健康。

③ 今日の授業は彼は欠席すべきではない。

＊今天的课他不得缺席。

④ 彼はお金があるので、バイトをする必要がない。

＊他有钱，不要打工。

⑤ 彼の日本語を聞けば、彼は中国人のはずだ。

＊听他的日语，他应该中国人。

第35課

“敢”と“值得”

助動詞“敢 gǎn”は動詞の前に置き、「…する勇気がある」の意味です。否定は“不敢 bù gǎn”。助動詞“值得 zhíde”は動詞の前に置き、「…する価値がある」の意味です。否定は“不值得 bù zhíde”。両者の疑問文は同じく文末に“吗”をつけるか、「肯定＋否定」の反復疑問文を使います。“值得不值得”は“值不值得”に省略可。

1 “敢”：…する勇気がある

1.1 “敢”＋動詞

① 李伟敢吃生马肉，我不敢。Lǐ Wěi gǎn chī shēngmǎròu, wǒ bù gǎn.
（李偉さんは馬刺しを食べる勇気があるが、私は食べられない）

② A：我不敢骑摩托车，你敢吗？ Wǒ bù gǎn qí mótuōchē, nǐ gǎn ma?
（私はバイクに乗る勇気がない。あなたは乗れる？）
B：敢。Gǎn.（乗れます）／不敢。Bù gǎn.（乗れません）

1.2 “敢”＋動詞句

③ 他不敢跟经理说话。Tā bù gǎn gēn jīnglǐ shuōhuà.
（彼は社長と話す勇気がない）

④ A：她敢一个人去美国，你敢吗？
Tā gǎn yí ge rén qù Měiguó, nǐ gǎn ma?
（彼女は1人でアメリカに行く勇気がある。あなたは？）
B：敢。Gǎn.（行ける）／不敢。Bù gǎn.（行けない）

2 “值得”：…する価値がある

2.1 “值得”＋動詞

⑤ A：这幅画儿值得收藏吗？ Zhèi fú huàr zhíde shōucáng ma?

(この絵は収集する価値があるの？)

B：值得。Zhíde.（価値がある）／不值得。Bù zhíde.（価値がない）

⑥ 那些问题值得关注吗？ Nèixiē wèntí zhíde guānzhù ma?

(あれらの問題は注目する価値があるの？)

2.2 “值得”＋動詞句／文

⑦ 我觉得值得推广这种方法。

Wǒ juéde zhíde tuīguǎng zhèi zhǒng fāngfǎ.

(この方法を広める価値があると思う)

⑧ 那件事值得你那么紧张吗？ Nèi jiàn shì zhíde nǐ nàme jǐnzhāng ma?

(あのことはそんなに緊張するほどのことですか)

2.3 程度／重複副詞＋“值得”＋動詞／動詞句

重複副詞には、“还”“再”“又” などがあります。

⑨ 我觉得这个问题很值得研究。

Wǒ juéde zhèige wèntí hěn zhíde yánjiū.

(この問題は研究する価値がとてもあると思う)

⑩ 过去的事还值得讨论吗？ Guòqù de shì hái zhíde tǎolùn ma?

(過去のことはまだ討論する価値があるの？)

練　習

1. 次の中国語を日本語に訳してください。

① 她有驾照，可是现在不敢开车。

② 我觉得李老师的课很值得去听。

③ 这件事值不值得跟大家一起庆祝?

④ 游乐园的过山车我不敢坐，你敢坐吗?

⑤ 新冠疫情还没控制好，你还敢去东京啊。

2. 次のピンインを中国語に直し、日本語に訳してください。

① Jǐngchá lái le, tā xiàde bù gǎn shuōhuà.

② Nèixiē yóupiào zhí bu zhíde shōucáng?

③ Wèi shénme nǐ jiějie bù gǎn qí zìxíngchē?

④ Shānzhōng xiānsheng fēicháng zhíde wǒmen dàjiā de zūnjìng.

⑤ Zhèige dōngxi búcuò, hěn piányi, wǒ juéde zhíde mǎi.

3. 次の日本語を中国語に訳してください。

① 彼の話は信じる価値があるでしょうか。

② 商売をするには時には冒険する勇気が必要だ。

③ あの小さなことに、怒る価値があるの？

④ あれは買う価値があると保証します。

⑤ 多くの学生は授業中に先生に質問する勇気がない。

4．次の誤文を正しく直してください。

① 李明さんは生ものが苦手で、刺身が食べられない。

＊李明怕生的东西，不能吃生鱼片。

② あれは買う価値がないと思う。

＊那个东西买得不值得。

③ お母さんがいる時に、彼女はなぜ話せないの？

＊妈妈在的时候，为什么她不说话吗？

④ 彼女は二度と夜１人で出かける勇気がない。

＊她晚上不再一个人敢出门。

⑤ 彼はもう結婚したよ。まだ彼を待つ価値があるの？

＊他已经结婚了，还等他有价值吗？

7

数量詞

第36課

名量詞（名詞を修飾する量詞）

物を数える時の「量詞」は日本語の「助数詞」に似ていますが、種類と用法は大きく異なります。例えば、日本語の「～本」は“支 zhī”、「～冊」は“本 běn”です。“一支 yì zhī”（1本）、“一本 yì běn”（1冊）。単独で使えず、必ず数詞と一緒に使い、合わせて「数量詞」と言います。「の」にあたる“的”はいりません。物を数える時は“二 èr”ではなく、“两 liǎng”を使います。ここではよく使う9つの量詞を学ぶことにします。

1 “个 ge”（個）：人や物を数える量詞。万能の量詞と呼ばれます

① 一个警察　yí ge jǐngchá（1人の警官）
② 两个书包　liǎng ge shūbāo（2つのかばん）

2 “本 běn”（冊）：書籍を数える量詞

③ 两本书　liǎng běn shū（2冊の本）
④ 三本杂志　sān běn zázhì（3冊の雑誌）

3 “件 jiàn”（枚、件）：服や出来事を数える量詞

⑤ 两件衣服　liǎng jiàn yīfu（2枚の服）
⑥ 四件事　sì jiàn shì（4つの事）

4 “张 zhāng”（枚、脚）：紙や広く平らな物を数える量詞

⑦ 两张纸　liǎng zhāng zhǐ（2枚の紙）
⑧ 五张桌子　wǔ zhāng zhuōzi（5つの机）

5 “支 zhī”（本）：細長い棒状の物を数える量詞

⑨ 两支铅笔　liǎng zhī qiānbǐ（2 本の鉛筆）

⑩ 六支棍子　liù zhī gùnzi（6 本の棒）

6 “台 tái”（台）：パソコンなどの電気製品を数える量詞

⑪ 两台电脑　liǎng tái diànnǎo（2 台のパソコン）

⑫ 七台手机　qī tái shǒujī（7 台のケータイ）

7 “双 shuāng”（膳、足）：箸や靴などのペアのものを数える量詞

⑬ 两双筷子　liǎng shuāng kuàizi（2 膳の箸）

⑭ 八双鞋子　bā shuāng xiézi（8 足の靴）

8 “杯 bēi”（杯）：コップに入った飲み物を数える量詞

⑮ 两杯茶　liǎng bēi chá（2 杯のお茶）

⑯ 九杯咖啡　jiǔ bēi kāfēi（9 杯のコーヒー）

9 “种 zhǒng”（種類）：種類を数える量詞

⑰ 两种米　liǎng zhǒng mǐ（2 種類の米）

⑱ 十种颜色　shí zhǒng yánsè（10 種類の色）

練　習

1．次の中国語を日本語に訳してください。

① 我有两个弟弟，他有一个妹妹。

② 他有两台手机，我有两台电脑。

③ 我要两杯咖啡，两个三明治。

④ 请给我两支圆珠笔，两张纸。

⑤ 请给我两个碟子，两双筷子。

2．次のピンインを中国語に直し、日本語に訳してください。

① Qǐng gěi wǒ liǎng bēi hóngchá, liǎng ge miànbāo.

② Dàshān tāmen dàxué yǒu liǎng ge Zhōngguó lǎoshī.

③ Zhāng Yīng de jiā yǒu liǎng zhāng zhuōzi, liǎng tái diànshì.

④ Lǐ Míng gěi wǒ liǎng běn shū, liǎng zhī qiānbǐ.

⑤ Wǒ gěi Dàxià liǎng jiàn yīfu, liǎng shuāng xiézi.

3．次の日本語を中国語に訳してください。

① 明日用事が２つある。

② 医者が２種類の薬をくれた。

③ 私は運動靴が２足ほしい。

④ 兄は私に鉛筆を２本、紙を２枚くれた。

⑤ 彼は『日中辞典』を２冊、電子辞書を２台持っている。

4．次の誤文を正しく直してください。

① ケータイが２つほしい。

＊我要二个手机。

② 私はボールペンを２本持っている。

＊我有两本圆珠笔。

③ 母はセーターを２枚くれた。

＊我妈妈给我二枚毛衣。

④ 私は毎日リンゴを２つ食べる。

＊我每天吃二个苹果。

⑤ 私達のクラスに中国人の留学生が２人いる。

＊我们班有二人中国留学生。

第37課

数量詞の使い方

指示代名詞が名詞を修飾する時は、必ずその名詞に相応しい数量詞を使います。“这件衣服”(この服)、“那本书”(その本)。複数指示代名詞は名詞を修飾する時、数量詞はいりません。「動詞＋目的語」の時は、数量詞を両者の間に置きます。過去形は動詞の後に“了”をつけ、未来と常にしている動作には“了”はいりません。

1 指示代名詞＋数量詞＋名詞

数字の“一”は省略できますが、他の数字は省略できません。

① 我要这（一）件红色的。Wǒ yào zhè (yí) jiàn hóngsè de.〈服〉
（私はこの赤いのがほしい）

② 那两台电脑是公司的。Nà liǎng tái diànnǎo shì gōngsī de.
（あの2台のパソコンは会社の物だ）

③ 哪三种茶最有名？ Nǎ sān zhǒng chá zuì yǒumíng?
（どの3種類のお茶が最も有名ですか）

2 複数指示代名詞＋名詞

“这些”(これら)“那些”(あれら)“哪些”(どれ〈複数〉)は名詞を修飾する時、数量詞がいりません。

④ 这些资料都给你。Zhèixiē zīliào dōu gěi nǐ.
（これらの資料を全部あげる）

⑤ 那些人来我们学校做什么？
Nèixiē rén lái wǒmen xuéxiào zuò shénme?
（あの人達は私達の学校に何をしに来るの？）

⑥ 你觉得他有哪些优点？ Nǐ juéde tā yǒu něixiē yōudiǎn?
（彼にどんないい所があると思う？）

3 動詞(＋“了”)＋数量詞＋目的語

「動詞＋目的語」と一緒に使う時、数量詞は両者の間に置きます。過去形は動詞の後に“了”をつけ、未来と常にしている動作には“了”はいりません。日本語では1つの時は数を言わないことが多いですが、中国語では“一”が必要です。

⑦ 他昨天吃了二十个饺子。Tā zuótiān chīle èrshí ge jiǎozi.
（彼は昨日餃子を 20 個食べた）

⑧ 他每天喝两杯咖啡。Tā měitiān hē liǎng bēi kāfēi.
（彼は毎日コーヒーを 2 杯飲む）

⑨ 我想买一双鞋子。Wǒ xiǎng mǎi yì shuāng xiézi.（私は靴を買いたい）

練　習

1．次の中国語を日本語に訳してください。

① 这双筷子是你的，那双是我的。

② 这种苹果很好吃，我每天吃一个。

③ 那些寿司都是你妈妈做的吗？

④ 哪些点心一个人两个？

⑤ 昨天我做了两个大蛋糕。

2．次のピンインを中国語に直し、日本語に訳してください。

① Dàxià xiānsheng qùnián kànle èrshí běn shū.

② Tiánzhōng yǒu wǔ zhī yuánzhūbǐ.

③ Zhèi bēi chá shì wǒ de, nèi bēi shì nǐ de.

④ Nèixiē liúxuéshēng bù dōu shì wǒmen dàxué de liúxuéshēng.

⑤ Nèi shuāng xié shì wǒ gēge gěi wǒ de.

3．次の日本語を中国語に訳してください。

① 中国は 23 の省があります。

② この 2 つの机はとても大きい。

③ あの町はまだ高速鉄道がない。

④ このかばんは私のです。あれが山下さんのです。

⑤ 今日私は 100 円ショップで 2 本のボールペンを買った。

4．次の誤文を正しく直してください。

① これらの本は全部読んだ。

＊这些本书我都看了。

② この 2 枚の紙をあなたにあげる。

＊这个两张纸给你。

③ このような人はみんな好きではない。

＊这个人大家都不喜欢。

④ あの人はお子さんが 3 人いる。

＊那个人有三人孩子。

⑤ あの料理はみんなおいしいです。

＊那个菜都很好吃。

第38課

時間量詞

時間量詞は時間の長さを表します。“一(个)小时 yí (ge) xiǎoshí”(1時間)、“一天 yì tiān”(1日)など。“个”がいるもの、不要なもの、省略できるものがあります。不定の時間量詞“一会儿 yíhuìr”、“一下 yíxià”(ちょっと)は、指示代名詞と使う時、“一”は省略できます。「動詞+目的語」と一緒に使う時、物事が目的語の場合は両者の間に置き、人が目的語の場合は目的語の後に置きます。

1 “个”がいる時間量詞

“月 yuè”(月)、“小时 xiǎoshí”(時間)、“星期 xīngqī”(週)。“小时”と“星期”は“个”を省略可。

① 一个月有四(个)星期。Yí ge yuè yǒu sì (ge) xīngqī.
(1ヶ月は4週間ある)

② 李红每天睡八(个)小时。Lǐ Hóng měitiān shuì bā (ge) xiǎoshí.
(李紅さんは毎日8時間寝る)

2 “个”がいらない時間量詞

“天 tiān”(日)、“周 zhōu”(週)、“年 nián”(年)、“分钟 fēnzhōng”(分間)、“秒 miǎo”(秒)。

③ 一年大概有五十二周，三百六十五天吧。
Yì nián dàgài yǒu wǔshièr zhōu, sānbǎi liùshiwǔ tiān ba.
(1年は大体52週、365日あるだろう)

④ 一分钟有六十秒。Yì fēnzhōng yǒu liùshí miǎo.
(1分間は60秒ある)

③ 不定時間量詞

“一下 yíxià”、“一会儿 yíhuìr”（ちょっと、少し…）

⑤ 我看一会儿（／一下）电视。Wǒ kàn yíhuìr (/ yíxià) diànshì.
（ちょっとテレビを見ます）

⑥ 我等你一会儿（／一下）。Wǒ děng nǐ yíhuìr (/ yíxià).
（少しあなたを待ちます）

④ 動詞（＋“了”）＋時間量詞＋目的語（物事）

過去の動作は動詞のあとに“了”がいります。

⑦ 我每天上一（个）小时网。Wǒ měitiān shàng yí (ge) xiǎoshí wǎng.
（私は毎日 1 時間インターネットをする）

⑧ 我昨天上了一（个）小时网。
Wǒ zuótiān shàngle yí (ge) xiǎoshí wǎng.
（私は昨日 1 時間インターネットをした）

⑤ 動詞（＋“了”）＋目的語（人）＋時間量詞

過去の動作は動詞のあとに“了”がいります。

⑨ 我等他十分钟。Wǒ děng tā shí fēnzhōng.（私は彼を 10 分待ちます）

⑩ 我等了他十分钟。Wǒ děngle tā shí fēnzhōng.（私は彼を 10 分待った）

練　習

1．次の中国語を日本語に訳してください。

① 他一天上三十分钟网。

② 我在这儿晒一会儿太阳。

③ 在日本学医科要六年吗?

④ 王建昨天学了两个半小时日语。

⑤ 今年暑假我要去我爷爷家住一个星期。

2．次のピンインを中国語に直し、日本語に訳してください。

① Wǒmen zài zhèr xiūxi yíxià ba.

② Jīnnián èr yuè yǒu èrshijiǔ tiān.

③ Shāntián yào qù Měiguó liúxué wǔ ge xīngqī.

④ Jīchǎng dōu shì èrshisì xiǎoshí kāifàng de ma?

⑤ Shàngtián měi zhōu qù biànlìdiàn dǎ sì tiān gōng.

3．次の日本語を中国語に訳してください。

① 彼は昨日 30 分間ケータイゲームをしました。

② 父は毎日 10 時間働いている。

③ 今週山中さんは 2 日間休みます。水曜日と金曜日です。

④ 中国に留学するのに、4 年間で 400 万円かかりますか。

⑤ ここでちょっと待ってて。彼はすぐ来ます。

4．次の誤文を正しく直してください。

① 彼は毎週日曜日に2時間サッカーをする。

＊他每个星期天踢足球两个小时。

② 5分間私を待っててください。

＊请你等五分钟我。

③ 父は中国に1週間出張に行く。

＊我爸爸要去一个星期中国出差。

④ 私は毎日7時間寝ます。

＊我每天睡觉七个小时。

⑤ 王健さんは日本に2年間住んでいました。

＊王健在日本住了两个年。

第39課

動量詞

動作の量を表す量詞を動量詞と言います。1回、2回の「回」は動作の回数ですが、中国語は“次 cì”、“回 huí”、“遍 biàn”、“下 xià”、“趟 tàng”があり、細かく使い分けます。不定動量詞は“一下 yíxià”があり、人が目的語ならその後に、物事が目的語ならその前に置きます。

1 “次”と“回”

“次”は日常で繰り返しができる動作、状態の回数を示し、会話でよく使います。具体抽象どちらの動作にも使えます。“开一次会议”(会議を1回開く)、“发生了一次误会”(誤解が起こった) など。また、“上次”(前回)、“这次”(今回)、“下次”(次回) としてもよく使います。

“回”はやや書面語で、それほど使いません。ほとんど過去の特定の出来事の回数を示します。

① 他每天刷三次牙。Tā měitiān shuā sān cì yá.(彼は毎日3回歯を磨く)

② 田中去中国留了三次学。Tiánzhōng qù Zhōngguó liúle sān cì xué.
(田中さんは中国に3回留学した)

③ 我已经忘了那回事了。Wǒ yǐjīng wàngle nèi huí shì le.
(私はすでにあのことを忘れた)

2 “遍”

最初から最後まで繰り返せる動作の回数を表します。

④ 请你再说一遍。Qǐng nǐ zài shuō yí biàn.
(もう一度言ってください)

⑤ 这首歌我听了很多遍了。Zhèi shǒu gē wǒ tīngle hěn duō biàn le.
(この歌は何回も聞いた)

3 “下”

具体的な動作の回数を表します。“一下”、“两下”、“三下”のように使いますが、不定動量詞の“一下”(ちょっと) は“一”しかありません。

⑥ 他每天原地跳五十下。Tā měitiān yuándì tiào wǔshí xià.
（彼は毎日その場で 50 回跳ぶ）

⑦ 他敲了两下桌子。Tā qiāole liǎng xià zhuōzi.
（彼は 2 回机を叩いた）

4 “趟”

往復する動作の回数と交通機関の便数を表します。

⑧ 这一趟去他家，我更了解他了。
Zhèi yí tàng qù tā jiā, wǒ gèng liǎojiě tā le.
（今回彼の家に行って、彼のことについてもっとわかった）

⑨ 去那儿的巴士一天只有两趟。
Qù nàr de bāshì yì tiān zhǐ yǒu liǎng tàng.
（あそこに行くバスは一日 2 便しかない）

5 不定動量詞“一下”

数詞は“一”しかありません。人が目的語の場合は人の後、物の場合は物の前、場所の場合はどちらでもいいです（第 40 課参照)。

⑩ 你等她一下吧。Nǐ děng tā yíxià ba.
（ちょっと彼女を待っててください）

⑪ 我查一下邮件。Wǒ chá yíxià yóujiàn.
（ちょっとメールをチェックします）

⑫ 我去一下厕所（/去厕所一下)。Wǒ qù yíxià cèsuǒ (/qù cèsuǒ yíxià).
（ちょっとトイレに行きます）

練　習

1．次の中国語を日本語に訳してください。

① 我已经说了两遍了，他不听。

② 这一次是你输了，我赢了。

③ 在日本我能当一下你的导游。

④ 张安今年回了三趟老家。

⑤ 李老师拍了两下手掌，大家都不说话了。

2．次のピンインを中国語に直し、日本語に訳してください。

① Měitiān lā shí xià ěrduo duì shēntǐ hěn hǎo.

② Wǒmen gōngsī yí ge yuè kāi yí cì quántǐ huìyì.

③ Zhèige diànshìjù wǒ kànle liǎng biàn le.

④ Zhèr měitiān yǒu hěn duō tàng gōngjiāochē dào huǒchēzhàn.

⑤ Nǐ xiǎng yíxià, wǒ de huà duì bu duì?

3．次の日本語を中国語に訳してください。

① 彼は週 2 回中国語の授業がある。

② このバスは 1 時間に 1 本だけです。

③ 前回の授業に彼は来なかった。

④ 私は何回も聞いたが、まだわからない。

⑤ 彼女は今日 3 回もコンビニに行った。

4．次の誤文を正しく直してください。

① 次の列車は5時20分です。

＊下一次车是五点二十分。

② 除夜の鐘はなぜ108回叩くのですか。

＊除夕的钟，为什么打一百零八回?

③ 先生は私達に毎日テキストのCDを2回聞いてほしいと思っている。

＊老师要我们每天听课文的CD二回。

④ 今度は絶対遅刻しません。

＊这次我一定不迟到。

⑤ この電車は人が多いので、次の電車に乗りましょう。

＊这个车人很多，我们坐下次的车吧。

第40課

不定量詞“一点儿”“一些”“一下”“一会儿”

名量詞、時間量詞、動量詞それぞれの不定量詞（具体的ではない数量）“一点儿 yìdiǎnr”、“一些 yìxiē”、“一下 yíxià”、“一会儿 yíhuìr”の数詞は“一”だけです。すべて「ちょっと」と言う意味で、目的語があれば目的語の前に置き、人が目的語なら目的語の後におきます。

1 不定名量詞“一点儿”と“一些”

他の量詞と一緒に使えず、“一”は省略可。“一些”は“一点儿”より多い数量で、生物も修飾できますが、“一点儿”はできません。

① 这（一）些问题都很重要，你得问经理。
Zhè (yì) xiē wèntí dōu hěn zhòngyào, nǐ děi wèn jīnglǐ.
（これらの問題はすべて重要だから、社長に聞くべきだ）

② 这（一）点儿问题没事儿，你自己处理。
Zhè (yì) diǎnr wèntí méishìr, nǐ zìjǐ chǔlǐ.
（このぐらいの問題は大丈夫だ。自分で処理しなさい）

③ 这个问题我问了一些人，他们都说不知道。
Zhèige wèntí wǒ wènle yìxiē rén, tāmen dōu shuō bù zhīdào.
（この問題は何人かに聞いたが、彼らはみんな知らないと言った）

④ 爸，给我一点儿钱吧，今天我要出去。
Bà, gěi wǒ yìdiǎnr qián ba, jīntiān wǒ yào chūqu.
（父さん、ちょっとお金をちょうだい。今日は出かけるから）

2 不定時間量詞“一会儿”と“一下”

北方は“一会儿”を、南方は“一下”を使います。“一会儿”の“一”は省略できますが、“一下”の“一”は省略不可。

⑤ 我休息（一）会儿（／一下）。Wǒ xiūxi (yí) huìr (/ yíxià).
（ちょっと休みます）

⑥ 你在这儿坐一下（／(一) 会儿）。Nǐ zài zhèr zuò yíxià (/(yí) huìr).
（あなたはここにちょっと座って）

3 不定動量詞の“一下”

不定動量詞は“一下”だけ。“一”は省略不可。

⑦ 我看一下。Wǒ kàn yíxià.（ちょっと見せて）

⑧ 你尝一下。Nǐ cháng yíxià.（ちょっと味見をして）

4 動詞(＋“了”)＋不定量詞＋目的語（物事）

⑨ 他会说一点儿汉语。Tā huì shuō yìdiǎnr Hànyǔ.
（彼は中国語をちょっと話せる）

⑩ 昨天他打了一会儿（／一下）篮球。
Zuótiān tā dǎle yíhuìr (/ yíxià) lánqiú.
（昨日彼はちょっとバスケットボールをした）

5 動詞(＋“了”)＋目的語（人）＋不定量詞

⑪ 你等他一会儿吧。Nǐ děng tā yíhuìr ba.
（ちょっと彼を待ってください）

⑫ 你应该关心她一下。Nǐ yīnggāi guānxīn tā yíxià.
（ちょっと彼女のことを気にかけるべきだ）

練　習

1．次の中国語を日本語に訳してください。

① 我喝一点儿红茶，你喝什么?

② 没事儿，我站一会儿，您请坐。

③ 你猜一下，他是谁?

④ 有一些留学生还没回国。

⑤ 请等一下，我上一下洗手间。

2．次のピンインを中国語に直し、日本語に訳してください。

① Yéye, nín zài zhèr xiūxi yíhuìr ba.

② Wǒ qù yíxià, mǎshàng huílai.

③ Zhèixiē wèntí yǒu yìxiē rén hái bù zhīdào.

④ Wǒ qù mǎi yìdiǎnr chī de, nǐ děng wǒ yíxià.

⑤ Zuótiān wǒ dǎsǎole yíxià wǒ de fángjiān.

3．次の日本語を中国語に訳してください。

① 少し水をください。

② 昨日ちょっと英語を復習しただけです。

③ 彼はちょっと見て、すぐわかった。

④ ここでちょっと座ってて。コーヒーを買ってくる。

⑤ 今少し時間があるので、ちょっとゲームをしてもいいですか。

4．次の誤文を正しく直してください。

① 彼は少し中国語が話せる。

＊他会说汉语一点儿。

② これらのお茶はジャスミン茶ですか。

＊这一些个茶是茉莉花茶吗？

③ 今日は少し時間がある。

＊今天我有一会儿时间。

④ 私は毎日ちょっとピアノを練習している。

＊我每天练习弹钢琴一下。

⑤ この問題は難しい、ちょっと考えさせて。

＊这个问题很难，我想一点儿。

第41課

数量の疑問詞“几”“多少”

使い分けの目安は、10以下は“几 jǐ”を、10以上は“多少 duōshao”を使います。“几”は時間、日にち、年齢についても聞けますが、単独で使えません。

“多少”は量詞を省略できます。時間、日にち、年齢については聞けませんが、単独で使えます。

1 “几”：いくつ

1.1 10以下の数

① 他有几个中国朋友？ Tā yǒu jǐ ge Zhōngguó péngyou?
（彼は中国人の友人が何人いますか）

② 你去几天？ Nǐ qù jǐ tiān?（あなたは何日間行きますか）

1.2 位数詞との使い方

“十、百、千、万、亿、兆”の前と“十”の後に使えます。

③ 死亡人数到底有几千？ 三千还是四千？
Sǐwáng rénshù dàodǐ yǒu jǐ qiān? Sānqiān háishi sìqiān?
（死亡者数は一体何千ですか？ 3000？それとも4000？）

④ 十几？ 十五还是十九？ Shí jǐ? Shíwǔ háishi shíjiǔ?
（10いくつ？ 15？それとも19？）

1.3 “几”＋時間詞、年齢

“几点”（何時）、“几月”（何月）、“几日”（何日）、“几岁”（何歳）など。曜日は“几”を後に置きます。“星期几”（何曜日）。

⑤ 明天几月几日星期几？ Míngtiān jǐ yuè jǐ hào xīngqī jǐ?
（明日は何月何日何曜日？）

⑥ 他的儿子今年几岁？ Tā de érzi jīnnián jǐ suì?
（彼の息子は今年何歳ですか）

2 "多少"：どのぐらい

2.1 10以上の数

量詞は省略可。単独で使えます。

⑦ 他们班有多少（个）男同学？
Tāmen bān yǒu duōshao (ge) nántóngxué?
（彼らのクラスは男子学生は何人いるの？）

⑧ 多少？你说多少钱？ Duōshao? Nǐ shuō duōshao qián?
（どのぐらい？いくらと言ったの？）

2.2 位数詞との使い方

"千、万、亿、兆" の前に使えますが、"十、百" の前には使えません。

⑨ 人体内有多少兆细胞？ Réntǐ nèi yǒu duōshao zhào xìbāo?
（人体に細胞は何兆あるの？）

⑩ 现在世界上的人口有多少亿？
Xiànzài shìjièshang de rénkǒu yǒu duōshao yì?
（今、世界の人口は何億ですか）

2.3 時間量詞について

時間、年齢については使えませんが、時間量詞なら使えます。

⑪ 日本人一个星期工作多少（个）（／几个）小时？
Rìběnrén yí ge xīngqī gōngzuò duōshao (ge) (/ jǐ ge) xiǎoshí?
（日本人は１週間に何時間働いているの？）
⑫ 想想你这一生浪费了多少时间？
Xiǎngxiang nǐ zhè yīshēng làngfèile duōshao shíjiān?
（あなたは一生でどのぐらい時間を無駄にしたかちょっと考えて）

練　習

1．次の中国語を日本語に訳してください。
① 多少？ 他一年的收入多少？
② 汉语你学了几年了？
③ 这次疫情全世界一共死了多少人？
④ 现在大学生平均一个月看几本书？
⑤ 这次英语考试，你拿了多少分？

2．次のピンインを中国語に直し、日本語に訳してください。
① Zhèige píngguǒ duōshao qián yì jīn?
② Zhāng lǎoshī yì tiān hē jǐ bēi kāfēi?
③ Jīntiān yǒu duōshao rén lái cānjiā le?
④ Dàodǐ nǐ yào shí jǐ ge? Shíwǔ háishi shíliù?
⑤ Zhōngshān měitiān jǐ diǎn xiàbān, jǐ diǎn huí jiā?

3．次の日本語を中国語に訳してください。

① 今月は何日ありますか。

② 彼は北京で何年間働いたのですか。

③ あなたはセーターを何枚持っていますか。

④ 中国では、直轄市がいくつありますか。

⑤ あなたは１日どのぐらい水を飲みますか。

4．次の誤文を正しく直してください。

① 世界にいくつの国があるの？

＊世界上有几个国家?

② 彼はもう何ヶ月アメリカに行っているか。

＊他已经去美国几月了?

③ あなたは何回あの歌を聞きましたか。

＊你几遍听了那首歌?

④ 彼は年に何冊の本を読みますか。

＊他一年看书多少本?

⑤ 弟さんは何人いますか。

＊你有多少个弟弟?

第42課

数量の疑問詞“多”(“多”+形容詞)

“多 duō”を形容詞の前に置くと、「どのぐらい」という意味で、数量の疑問詞になります。“多”の前によく“有”を使いますが、省略可。

1 “多大”

目下か同年輩に年齢を聞いたり、物の大きさ、広さを聞く時に使います。

① 小李，你今年多大？ Xiǎo Lǐ, nǐ jīnnián duō dà?
（李君、君は今年何歳？）

② 你的电脑多大？这个包能放吗？
Nǐ de diànnǎo duō dà? Zhèige bāo néng fàng ma?
（あなたのパソコンはどのぐらい大きい？このかばんに入る？）

③ 他新买的房子多大？ Tā xīn mǎi de fángzi duō dà?
（彼が新しく買った家はどのぐらい広い？）

2 “多”＋形容詞：どのぐらい

④ 你（有）多高？ Nǐ (yǒu) duō gāo?（あなたの身長はどのぐらい？）

⑤ 这个行李（有）多重？ Zhèige xíngli (yǒu) duō zhòng?
（この荷物の重さはどのぐらい？）

3 確認する“多”＋形容詞

「“多”+形容詞」は相手に数量を確認する時によく使います。

⑥ A：那个手机很贵。Nèige shǒujī hěn guì.（あのケータイはとても高い）
B：多贵？ Duō guì?（どのぐらい高い？）

⑦ A：那个电影太长了。Nèige diànyǐng tài cháng le.

（あの映画は長すぎるよ）

B：多长？ Duō cháng?（どのぐらい長い？）

練　習

1．次の中国語を日本語に訳してください。

① 汉语他学了多长时间？

② 你知道他有多厉害吗？ 他考上北大了。

③ 你们认识多久了？ 有三年了吧。

④ 哈尔滨现在多冷？ 零下多少度？

⑤ 你不知道现在的英语课本有多薄吧。

2．次のピンインを中国語に直し、日本語に訳してください。

① Nǐ de fángjiān yǒu duō dà?

② Zhèige wénjiàn yǒu duō zhòngyào?

③ Nǐ shuō zhèige dōngxi hěn piányi, dàodǐ duō piányi?

④ Lǐ Wěi de jiā duō yuǎn a? Dǎ dī qù yào duō cháng shíjiān?

⑤ Zhèi tiáo hé yǒu duō shēn? Néng yóuyǒng ma?

3．次の日本語を中国語に訳してください。

① 東京タワーの高さはどのぐらいでしょうか。

② 北京の天安門広場の広さはどのぐらいですか。

③ あなたは生まれた時の体重はどのぐらいでしたか。

④ 彼は恥ずかしくないの？顔の皮の厚さはどのぐらいですか。

⑤ あの箱は幅、高さ、奥行きはどのぐらいですか。

4．次の誤文を正しく直してください。

① この教室の広さはどのぐらいですか。

＊这个教室多广?

② 彼はどのぐらい中国に留学するつもりですか。

＊他要多长时间去中国留学?

③ 中国の面積はどのぐらいですか。

＊中国的面积有多少?

④ 当ててみて、富士山の高さはどのぐらいですか。

＊你猜，富士山的高有多少?

⑤ 新幹線の速さはどのぐらいですか。

＊新干线的速度多少?

8

助詞

第43課

文中の動態助詞“了”

“了 le”は文中の動態助詞、文末の状態助詞、文末の語気助詞の3種類があります。この課は文中の動態助詞“了”について学習します。この“了”は文中にある動詞の後に置き、具体的な動作を行ったこと、条件、仮定の動作の完了を表します。

1 具体的な動作を行ったことを表す：…した

1.1 主語＋動詞＋“了”＋数量詞＋目的語

目的語を具体的にするために、数量詞（1つでも）が必要です。

① 昨天我看了一部中国电影。
Zuótiān wǒ kànle yí bù Zhōngguó diànyǐng.
（昨日私は中国の映画を見た）

② 昨天他买了两件衣服。Zuótiān tā mǎile liǎng jiàn yīfu.
（昨日彼は服を2枚買った）

1.2 主語＋動詞＋“了”＋限定語＋目的語

目的語を具体的にするためには、限定語を使ってもいいです。

③ 他买了郭老师的书。Tā mǎile Guō lǎoshī de shū.
（彼は郭先生の本を買った）

④ 对不起，我吃了你的蛋糕。Duìbuqǐ, wǒ chīle nǐ de dàngāo.
（ごめんね、あなたのケーキを食べた）

1.3 主語＋動詞＋“了”＋目的語＋文末の“了”

日常の動作や話題、互いにわかっている目的語なら、文末にも“了”をつけます。文中の“了”は省略できますが、はっきりその動作を行ったことを示す時は省略できません。また、文中の“了”がなければ、これから行う動作を表すこともあります。

⑤　我吃了饭了。Wǒ chīle fàn le.（私はごはんを食べた）〈日常動作〉
⑤a 我吃饭了。Wǒ chī fàn le.（食事が済んだ）／（ご飯を食べるよ）
⑥　我做了作业了。Wǒ zuòle zuòyè le.（私は宿題をした）〈既知の目的語〉
⑥a 我做作业了。Wǒ zuò zuòyè le.（宿題が済んだ）／（宿題をするよ）

2 動作の完了を表す：…してから～ 主語＋動詞$_1$＋“了”＋目的語，“就”＋動詞$_2$＋目的語（＋“了”）

前半に動作の完了、後半に副詞の“就”“再”などを用いて次に行う動作を述べます。過去、現在、未来いずれの完了でも言えます。目的語があれば“了”は目的語の前に置きます。過去のことなら文末に“了”をつけます。

⑦ 我昨天做了作业就睡觉了。Wǒ zuótiān zuòle zuòyè jiù shuìjiào le.
（私は昨日宿題をしてからすぐ寝た）
⑧ 我每天做了作业再睡觉。Wǒ měitiān zuòle zuòyè zài shuìjiào.
（私は毎日宿題をしてから寝る）
⑨ 你明天下了课就来。Nǐ míngtiān xiàle kè jiù lái.
（あなたは明日授業が終わったらすぐに来て）

3 動作の仮定を表す：…したら、…すると 主語＋動詞$_1$＋“了”＋目的語，“就”＋動詞$_2$（＋目的語＋“了”）

前半に動作の仮定、後半に副詞の“就”を用いて結論を述べます。

⑩ 你做了作业我就给你。Nǐ zuòle zuòyè wǒ jiù gěi nǐ.
（宿題をしたらあげる）

⑪ 他明天来了你怎么办？ Tā míngtiān láile nǐ zěnme bàn?
（明日彼が来たらあなたはどうするの？）

練　習

1．次の中国語を日本語に訳してください。

① 他昨天吃了药就睡了。

② 明天我们看了电影，去吃法国菜吧。

③ 等一下，我给他发了短信就走。

④ 今天早饭我吃了我姐姐做的面包。

⑤ 昨天晚上他上了两个小时网。

2．次のピンインを中国語に直し、日本語に訳してください。

① Shàng ge xīngqī wǒ kànle liǎng běn xiǎoshuō.

② Zuótiān wǒ fùxíle yí ge xiǎoshí Hànyǔ.

③ Chīle fàn, nǐ kuài zuò zuòyè.

④ Qiántiān wǒ fàngle xué, jiù qù yīyuàn kàn nǎinai le.

⑤ Míngtiān nǐ xiàle kè qù zhǎo Lǐ lǎoshī.

3．次の日本語を中国語に訳してください。

① 彼女はお礼のメールを送ったら、すぐ寝た。

② 彼の手紙を読んで、彼女はずっと泣いている。

③ 昨日の交流会で、私達は 300 個の餃子を作った。

④ この 20 年間彼は多くの困難を経験した。

⑤ 先週の日曜日友達と 2 時間サッカーをしました。

4．次の誤文を正しく直してください。

① 先週の日曜日私は服をたくさん買いました。

＊上个星期天我买很多衣服。

② 昨日洗濯をしてから、すぐ学校に行きました。

＊昨天我洗衣服就去学校了。

③ 彼に会ったら、よろしく伝えてください。

＊要是见他，替我问好。

④ お寿司が大好きなので、今日は 12 皿も食べました。

＊我很喜欢寿司，今天我吃十二碟。

⑤ 午後バドミントンをしてから、コーヒーを飲みに行った。

＊下午打羽毛球了，去喝咖啡了。

文末の状態助詞“了”

文末の状態助詞“了 le”は、完了、変化、継続の 3 つの状態を表します。

1 状態の完了
主語＋動詞(＋目的語)＋“了”：…した

状態助詞の“了”は文末に置いて文全体の状態の完了を表します。否定は動詞の前に“没”をつけ、“了”をとります。

① A：他吃了吗？ Tā chī le ma?（彼は食べましたか）
　B：吃了。Chī le.（食べました）／
　　还没吃。Hái méi chī.（まだ食べていません）
② A：昨天你去哪儿了？ Zuótiān nǐ qù nǎr le?（昨日どこへ行ったの？）
　B：我去看电影了。Wǒ qù kàn diànyǐng le.（映画を見に行った）／
　　我没去哪儿。Wǒ méi qù nǎr.（どこへも行かなかった）

2 状態の変化、新状態の実現

形容詞、動詞、名詞の後に置くと、過去、現在、未来の状態変化を表します。名詞は数、時間、年齢と身分を表す名詞に限ります。身分名詞の前には“是”をつけます。

2.1 主語＋形容詞＋“了”：…になった

③ 昨天热了。Zuótiān rè le.（昨日は暑くなった）
④ 今天不热了。Jīntiān bú rè le.（今日は暑くなくなった）
⑤ 明天热了，要注意身体。Míngtiān rè le, yào zhùyì shēntǐ.
（明日は暑くなるよ、身体に気をつけて）

2.2 名詞＋“了”：…になった

⑥ 今天四十度了。Jīntiān sìshí dù le.（今日は 40 度になった）

⑦ 十月了。Shí yuè le.（10 月になった）

⑧ 明天他二十岁了。Míngtiān tā èrshí suì le.（明日彼は 20 歳になる）

⑨ 明年他是爷爷了。Míngnián tā shì yéye le.
（来年彼はおじいちゃんになる）

2.3 動詞＋“了”：…した
“不”＋動詞（＋目的語）＋“了”：…をやめた

⑩ 啊！ 他来了，来了。Ā! Tā lái le, lái le.（あ！彼が来た来た）

⑪ 他信佛了，不吃肉了。Tā xìn fó le, bù chī ròu le.
（彼は仏教を信じるようになったので、肉を食べるのをやめた）

3 状態の継続
主語＋動詞（＋文中の“了”）＋時間量詞＋“了”：
（時間量詞）…している、…て（時間量詞）になる

時間量詞の後に置く“了”は状態の継続を表します。文末の“了”がなかったら、状態は継続していません。

⑫ 他在日本五年了。Tā zài Rìběn wǔ nián le.（彼は日本に 5 年います）

⑬ 他睡了八个小时了。Tā shuìle bā ge xiǎoshí le.
（彼はもう 8 時間寝ている）

練　習

1．次の中国語を日本語に訳してください。

① 十二点了，他睡了。

② 她结婚了，不工作了。

③ 李明不在，他走了。

④ 时间不早了，我走了。

⑤ 他是大学校长了，不上课了。

2．次のピンインを中国語に直し、日本語に訳してください。

① Wǒ zhīdào le, Lǐ Shān de jiā yǒu sì kǒu rén le.

② Xiànzài hěn fāngbiàn le, yǒu shǒujī le.

③ Jīntiān hěn liángkuai le, búyòng kāi kōngtiáo le.

④ Wǔ diǎn bàn le, nǐ jiějie xiàbān le ma?

⑤ Qùnián Shānxià shì dàxuéshēng, xiànzài shì lǎoshī le.

3．次の日本語を中国語に訳してください。

① 今年の4月私達は大学生になりました。

② 昨日とても寒くなった。

③ 最近彼女は痩せた。

④ 彼は起きたが、彼の弟はまだ起きてない。

⑤ 明日彼らは映画を見に行くのをやめた。

4．次の誤文を正しく直してください。

① 昨日のあのパンはおいしくなかった。

＊昨天那个面包不好吃了。

② 昨日彼女は授業に来なかった。

＊昨天她没来上课了。

③ 今日は私の誕生日です。私は19歳になりました。

＊今天我的生日，我十九岁。

④ 彼女は今代表ではなくなった。

＊她现在不是代表。

⑤ 彼は今韓国語をやめて、中国語を習っている。

＊他现在不学习韩语，学习汉语。

第45課

文末の語気助詞“了”

文末の語気助詞“了 le”は具体的な意味を持たず、単に羅列と緩和の語気を表します。省略可。他の言葉と慣用表現（“怎么了”“糟了”“太…了”など）になって、いろいろな語気を表す時の“了”は省略不可。

1 名詞$_1$＋“了”、名詞$_2$＋“了”、名詞$_3$＋“了”…：羅列の語気

① 苹果（了）、橘子（了）、葡萄（了），我都喜欢吃。
Píngguǒ (le)、júzi (le)、pútao (le), wǒ dōu xǐhuan chī.
（リンゴとか、ミカンとか、ブドウとか、私はみんな好きだ）

② 田中（了）、中山（了）、山本（了），都没来上课。
Tiánzhōng (le)、Zhōngshān (le)、Shānběn (le), dōu méi lái shàngkè.
（田中さんとか、中山さんとか、山本さんとか3人とも授業に来なかった）

2 動詞句 / 形容詞句 / 文＋“了”：緩和の語気

お礼、承諾、断り、忠告などの緩和。

③ 谢谢了！ 别麻烦了，明天您不用来了。
Xièxie le! Bié máfan le, míngtiān nín búyòng lái le.
（ありがとう！お手数をかけてはいけないので、明日来なくていいですよ）

④ 好了好了，别说了，你去就行了。
Hǎo le hǎo le, bié shuō le, nǐ qù jiù xíng le.
（いいよいいよ、もう言わないで、あなたが行けばいいです）

3 “太”＋形容詞＋“了”！：感嘆の語気

⑤ 这种病毒太可怕了。Zhèi zhǒng bìngdú tài kěpà le.
（このウイルスはなんて恐ろしいんだ！）

⑥ 这儿的风景太漂亮了。Zhèr de fēngjǐng tài piàoliang le.
（ここの風景はなんてきれいなんでしょう！）

4 形容詞＋程度補語＋"了"！：驚嘆の語気

⑦ 我渴死了，快给我一杯水。Wǒ kěsǐ le, kuài gěi wǒ yì bēi shuǐ.
（死ぬほど喉が渇いたよ。早く水を１杯ちょうだい）

⑧ 今天人多极了，我忙坏了。Jīntiān rén duō jí le, wǒ mánghuài le.
（今日は人が大変多くて、身体が壊れるほど忙しかった）

5 "怎么了"？：不思議に思ったり、心配する語気

⑨ 怎么了？他们都不去？ Zěnme le? Tāmen dōu bú qù?
（どうしたの？彼らはみんな行かないの？）

⑩ 怎么了？不舒服吗？ Zěnme le? Bù shūfu ma?
（どうしたの？具合でも悪いの？）

6 形容詞／動詞句＋"了"！：警告の語気

⑪ 不好了！不好了！着火了！着火了！
Bù hǎo le! Bù hǎo le! Zháo huǒ le! Zháo huǒ le!
（大変だ！大変だ！火事だ！火事だ！）

⑫ 糟了，警察来了。Zāo le, jǐngchá lái le.（しまった、警察が来た）

練　習

1．次の中国語を日本語に訳してください。

① 热死了，快开空调。

② 你怎么了？ 感冒了吗？

③ 西安了、南京了、重庆了，我都想去。

④ 真对不起了，我错了，请你原谅。

⑤ 坏了！ 坏了！ 我们的股票大跌了。

2．次のピンインを中国語に直し、日本語に訳してください。

① Zhōngguócài le、Rìběncài le、Hánguócài le, wǒ dōu xǐhuan chī.

② Zěnme le? Tiánzhōng bù xuéxí Hànyǔ le ma?

③ Zāo le! Wǒ de shǒujī bú jiàn le.

④ Jīntiān mángsǐ le, wǒ hái méi chīfàn ne, èsǐ le.

⑤ Nín tài kèqi le, zhè yìdiǎnr xiǎo shì méi shénme.

3．次の日本語を中国語に訳してください。（語気助詞“了”を使う）

① 死ぬほど疲れたよ。ここでちょっと休もうよ。

② お母さん、心配しないでよ。私はもう子供ではないよ。

③ 赤とか、白とか、黄色とか、これらの色はみんな好きですよ。

④ よかった！来週金曜日は授業がないよ。

⑤ 今日は本当にありがとうございました。

4．次の文を驚嘆、感嘆、緩和などの語気の“了”を使って直してください。

① いいよ、もうわかったよ。

△好好，我明白了。

② 大変だ！大変だ！あそこで大地震が起こったよ。

△不好！不好！那儿发生大地震了。

③ 今回の台風はすごかったね。

△这次台风太厉害。

④ 今日の宿題は多すぎるよ。疲れたよ。

△今天的作业太多，我太累。

⑤ 死ぬほど腹が減ったよ。早くごはんを食べに行こうよ。

△我饿死，快去吃饭吧。

第46課

動態助詞“过”

“过 guo”は、動詞としては「過ごす」「通る」「すぎる」の意味がありますが、動態助詞としては動詞の後に置き、動作の経験（…したことがある）と完了（…した）を表します。

1 経験を表す“过”
主語(＋“没”)＋動詞＋“过”(＋目的語)：…したことがある

動作の経験を表し、否定は動詞の前に“没”をつけます。

① A：你吃过北京烤鸭吗？ Nǐ chīguo Běijīng kǎoyā ma?
（あなたは北京ダックを食べたことがある？）
B：吃过。Chīguo.（食べたことがある）／
没吃过。Méi chīguo.（食べたことがない）

② A：我没骑过摩托车，你呢？ Wǒ méi qíguo mótuōchē, nǐ ne?
（私はバイクに乗ったことがないが、あなたは？）
B：骑过。Qíguo.（乗ったことがある）／
我也没骑过。Wǒ yě méi qíguo.（私も乗ったことがない）

2 完了を表す“过”

2.1 既知の目的語＋主語＋日常の動作(＋“过”)＋“了”：…した

日常の動作（“吃饭”、“喝茶”など）を相手に知らせたり、確認する時に使います。よく動態助詞“了”と使います。目的語は既知なので主語の前に置き、“了”があれば“过”は省略可。否定は“还没”を動詞の前に置き、“过”も“了”もいりません。

③ 早饭我吃（过）了，他还没吃。

Zǎofàn wǒ chī (guo) le, tā hái méi chī.

（私は朝ごはんを食べたが、彼はまだです）

④ 这个杯子洗（过）了，那个还没洗。

Zhèige bēizi xǐ (guo) le, nèige hái méi xǐ.

（このコップは洗ったが、あれはまだです）

2.2 完了の“过”が使えない場合

日常動作でない動詞（“考试”、“骗” など）と、目的語に数量詞がある場合は、完了の“过”が使えず、“了”を使います。“过”を使うと経験を表します。

⑤ 彼は私達を騙した。

○ 他骗了我们。Tā piànle wǒmen.

× 他骗过我们。※「彼は私達を騙したことがある」になる。

⑥ 私は餃子を 20 個食べた。

○ 我吃了二十个饺子。Wǒ chīle èrshí ge jiǎozi.

× 我吃过二十个饺子。※「餃子を 20 個食べたことがある」になる。

練　習

1．次の中国語を日本語に訳してください。

① 你相信吗？他没拔过牙。

② 她年轻的时候吃过很多苦。

③ 他们夫妇真的没吵过架吗？

④ 我们班只有她留过学，我们都没留过学。

⑤ 谢谢，我真的不客气，晚饭我吃过了。

2．次のピンインを中国語に直し、日本語に訳してください。

① Dàxià zài dàxué shí dǎguo lánqiú, xiànzài bù dǎ le.

② Yǐqián wǒ yòngguo píngguǒ shǒujī.

③ Wǒ yéye hěn xǐhuan háizi, tā dāngguo xiǎoxué lǎoshī.

④ Nǐ shàngkè zhēn de méi chídàoguo ma?

⑤ Zhèige bēizi wǒ xǐguo le, nǐ yòng ba.

3．次の日本語を中国語に訳してください。

① 田中さんは中国で WeChat を使ったことがある。

② 王英さんは日本に留学していた時、バイトをしたことがないそうです。

③ 中原さんはすごい。小説を書いたことがある。

④ 親になったことがある人は、親の辛さがわかる。

⑤ 朝ごはんを食べましたか。私はまだですよ。

4．次の誤文を正しく直してください。

① 彼はよく中国を旅行する。北京、上海、西安にも行ったことがある。

＊他常常去中国旅游，北京、上海、西安、他都去了。

② 以前私はピアノを習ったことがある。

＊我以前学习弹了钢琴。

③ 私は韓国語を習ったことがない。

＊我没学习韩语过。

④ 彼は日本に来てもう 10 年になったが、刺身を食べたことがない。

＊他来日本十年了，没吃生鱼片。

⑤ たくさん習った単語を忘れた。

＊很多学了的词汇，我忘了。

第 47 課

動態助詞“着”

動態助詞“着 zhe”は、状態の持続を表す以外に動作の命令と動作の方法も表せます。

1 物か自然現象の主語＋動詞＋“着”：…してある、…している

状態の持続を示します。否定は“没”を動詞の前に置き、“着”をとります。

① 教室的门开着。Jiàoshì de mén kāizhe.（教室のドアが開いている）
教室的门没开。Jiàoshì de mén méi kāi.（教室のドアは開いてない）
② 雨下着。Yǔ xiàzhe.（雨が降っている）
雨没下。Yǔ méi xià.（雨は降ってない）

2 主語（人称名詞、代名詞）＋動詞＋“着”：…している

動作が行われてからその結果が持続している状態を表します（感情動詞、所有動詞、存在動詞は使えません）。動作の進行形（動作の終わりがある）は“着”ではなく「“在”+動詞」を使います。“他们在说话”(彼らは話している)。否定は“没”を動詞の前に置き、“着”をとります。

③ 这些钱你收着。Zhèixiē qián nǐ shōuzhe.
（このお金を受け取ってください）
④ 你拿着什么东西？ Nǐ názhe shénme dōngxi?
（何を持っていますか）

③ 動詞＋“着”：…していなさい、…していてください

相手に動作をし続けることを命令します。主語は言いません。お願いする時は、主語を言います。否定は動詞の前に禁止を表す否定詞“别”を使います。

⑤ 站着！ Zhànzhe!（立っていなさい）
别站着！ Bié zhànzhe!（立たないで）
⑥ 你拿着！ Nǐ názhe!（持ってて）
别拿着！ Bié názhe!（持たないで）

④ 主語（場所）＋動詞＋“着”＋数量＋人か物：…してある、…している

ある場所に存在している不特定の人や物の様子を表します。否定は動詞の前に“没”をつけ、数量詞をとります。日本語は数量が「1」の時は言わないことが多いですが、中国語では必要です。

⑦ 墙上挂着一张世界地图。Qiángshang guàzhe yì zhāng shìjiè dìtú.
（壁に世界地図が掛けてある）
⑧ 墙上没挂着世界地图。Qiángshang méi guàzhe shìjiè ditú.
（壁に世界地図が掛けてない）
⑨ 图书馆前边儿站着很多人。Túshūguǎn qiánbianr zhànzhe hěn duō rén.
（図書館の前に大勢の人が立っている）
⑩ 图书馆前边儿没站着人。Túshūguǎn qiánbianr méi zhànzhe rén.
（図書館の前に人が立っていない）

⑤ 主語（人称代名詞、身体名詞）＋動詞＋“着”＋数量＋人か物

人称代名詞か身体名詞が主語の場合は、何かを身に着けていることを表します。否定は「動詞＋“着”」の前に“没”をつけます。

⑪ 她穿着一件红色的毛衣。Tā chuānzhe yí jiàn hóngsè de máoyī.
（彼女は赤いセーターを着ている）

⑫ 他头上没戴着帽子。Tā tóushang méi dàizhe màozi.
（彼は頭に帽子をかぶっていない）

6 主語＋動詞$_1$＋“着”＋動詞$_2$＋目的語：…て～をする

「動詞$_1$＋“着”」が後半の「動詞$_2$＋目的語」の方法を示します。否定形はありません。

⑬ 她喜欢躺着看书。Tā xǐhuan tǎngzhe kàn shū.
（彼女は横になって本を読むのが好きだ）

⑭ 他每天都走着去上班。Tā měitiān dōu zǒuzhe qù shàngbān.
（彼は毎日歩いて会社に行く）

練　習

1．次の中国語を日本語に訳してください。

① 你别躺着吃东西！快起来！

② 电脑一直开着，没事儿吧？

③ 墙上贴着很多他拍的照片。

④ 我再说一遍，你听着。

⑤ 外边儿玫瑰花开着，真香。

2．次のピンインを中国語に直し、日本語に訳してください。

① Wàibianr xiàzhe xuě ma?

② Zhuōzishang fàngzhe liǎng tái diànnǎo.

③ Yīngzǐ jīntiān chuānzhe yí jiàn hěn piàoliang de máoyī.

④ Jiàoshìli zuòzhe sānshí ge xuésheng.

⑤ Tiánzhōng yǐqián xǐhuan tǎngzhe kàn diànshì.

3．次の日本語を中国語に訳してください。

① 黒板に中国地図が（1枚）貼ってある。

② 李偉さんの部屋の電気がついているよ。

③ あなたは横になってちょっと休んでください。

④ 学校の前に車がたくさんとまっている。

⑤ 見て、子供達は歌ったり、踊ったりしているよ。

4．次の誤文を正しく直してください。

① 今日はずっと立っていた。

＊今天我一直站了。

② 私の部屋の壁に写真がたくさん掛けてある。

＊我房间的墙挂很多照片。

③ 汽車で、彼らは私の前に座っていた。

＊在火车上，他们坐着我前边儿。

④ 私のかばんは机に置いてある。

＊我的书包放着桌子。

⑤ 多くの中国人が立ってごはんを食べている。

＊很多中国人站在吃饭。

9

副詞

第48課

“也”

“也 yě”（…も）は副詞で、必ず動詞か形容詞の前に置きます。名詞を修飾する時に be 動詞にあたる“是”がいります。

1 主語＋“也”＋動詞／形容詞：…も〜

① 我喝咖啡，他也喝咖啡。Wǒ hē kāfēi, tā yě hē kāfēi.
（私はコーヒーを飲み、彼もコーヒーを飲む）

② 英语很难，汉语也很难。Yīngyǔ hěn nán, Hànyǔ yě hěn nán.
（英語は難しいし、中国語も難しい）

2 主語＋“也”＋“是”＋名詞／数量詞

数量詞を修飾する時は“是”があってもなくてもいいです。

③ 我是日本人，他也是日本人。Wǒ shì Rìběnrén, tā yě shì Rìběnrén.
（私は日本人で、彼も日本人です）

④ 他一米六，我也（是）一米六。Tā yì mǐ liù, wǒ yě (shì) yì mǐ liù.
（彼は 1 メートル 60 センチで、私も 1 メートル 60 センチだ）

3 主語＋時間／場所＋“也”＋動詞(＋目的語)／形容詞

日本語は主語、時間、場所、動作、状態が同じ時、「も」はそれぞれの後に置きますが、中国語は全て、動詞か形容詞の前に置きます。

⑤ 他现在也在大学学习汉语。Tā xiànzài yě zài dàxué xuéxí Hànyǔ.
（彼も今大学で中国語を習っている）（彼は今も大学で中国語を習っている）
（彼は今大学でも中国語を習っている）（彼は今大学で中国語も習っている）

⑥ 今天北京也很冷。Jīntiān Běijīng yě hěn lěng.
（今日は北京も寒い）（今日も北京は寒い）

4 主語＋動詞$_1$ / 形容詞$_1$，“也”＋動詞$_2$ / 形容詞$_2$

同じ主語が同時に２つの動作を行ったり、２つの状態がある時も“也”を使います。

⑦ 他喜欢打太极拳，也在学瑜伽。
Tā xǐhuan dǎ tàijíquán, yě zài xué yújiā.
（彼は太極拳が好きで、またヨガも習っている）

⑧ 北海道很冷，也很干燥。Běihǎidào hěn lěng, yě hěn gānzào.
（北海道はとても寒くて、乾燥している）

練　習

1．次の中国語を日本語に訳してください。

① 他爱喝咖啡，我也爱喝。

② 历史很有意思，也很重要。

③ 我奶奶七十岁，他奶奶也是七十岁。

④ 她很喜欢去旅游，也很喜欢拍照。

⑤ 他是我们的老师，也是我们的朋友。

2．次のピンインを中国語に直し、日本語に訳してください。

① Lǐ nǎinai ài yǎng huā, yě ài yǎng māo yǎng gǒu.

② Wáng Yīng hé Lǐ Huá yě shì èr niánjí de xuésheng.

③ Tiánzhōng de shēngrì yě shì jiǔ yuè èrshiliù hào.

④ Wǒ gēge xǐhuan tī zúqiú, wǒ yě hěn xǐhuan tī zúqiú.

⑤ Zhōngshān Yīngyǔ hěn hǎo, Hànyǔ yě búcuò.

3．次の日本語を中国語に訳しなさい。

① 彼女も中国のテレビドラマをよく見る。

② 上田さんは中国料理も作れる。

③ 私も同じです。卓球が大好きです。

④ 彼も今インターネットをしている。

⑤ あのお菓子はとてもおいしい。それに高くない。

4．次の誤文を正しく直してください。

① 私も今辛い料理が大好きです。

＊我也现在很喜欢吃辣的菜。

② 今年も冬がやってきた。

＊今年也冬天来了。

③ 彼も私も宿題をしなかった。

＊他也我也没做作业。

④ 英語も中国語も好きです。

＊英语和汉语也喜欢。

⑤ 山田さんも料理がうまい。

＊山田也做菜很不错。

第49課

範囲副詞“都”

“都 dōu”は主語か目的語が複数の時の「みんな、共に、全部」という意味の副詞です。常に動詞と形容詞の前に置きます。目的語が複数の場合は、目的語を主語の前か後に置きます。“那些菜我都吃了”(あれらの料理を私は全部食べた) “我三个都吃了”(私は3つ全部食べた)。

1 主語＋“都”＋動詞 / 形容詞 / “是”＋名詞 / 数量詞：…共に、みんな…

“都”の後ろが名詞の場合は be 動詞にあたる“是”をつけます。否定は“不是”。“都不是”は全否定、“不都是”は部分否定です。数量詞の場合、肯定は“是”を省略できますが、否定は“不是”がいります。

① 大家都喝红茶吧。Dàjiā dōu hē hóngchá ba.
(みんな紅茶を飲みましょう)

② 英语汉语都不容易。Yīngyǔ Hànyǔ dōu bù róngyì.
(英語、中国語の両方とも易しくない)

③ 我们都不是大学生。Wǒmen dōu bú shì dàxuéshēng.
(私達はみんな大学生ではない)

④ 我们不都是大学生，也有高中生。
Wǒmen bù dōu shì dàxuéshēng, yě yǒu gāozhōngshēng.
(私達は全員が大学生ではなく、高校生もいる)

⑤ 这些都（是）一百日元。Zhèixiē dōu (shì) yì bǎi Rìyuán.
(これらは全部100円です)

⑥ 这些都不是一百日元。Zhèixiē dōu bú shì yì bǎi Rìyuán.
(これらは全部100円ではありません)

2 A＋“和”＋B＋“都”＋動詞 / 形容詞 / “是”＋名詞：AもBも…

⑦ 他和田中都没去过北京。Tā hé Tiánzhōng dōu méi qùguo Běijīng.
（彼も田中さんも北京に行ったことがない）

⑧ 中国菜和日本菜都很好吃。Zhōngguócài hé Rìběncài dōu hěn hǎochī.
（中国料理も日本料理もとてもおいしい）

3 「“每”＋名詞」＋“都”＋動詞 / 形容詞 / “是”＋名詞

“每个人”“每年”などの“每”がつく名詞と時間詞がある時も、よく“都”を使います。

⑨ 每个人都有自己的秘密。Měi ge rén dōu yǒu zìjǐ de mìmì.
（みんなそれぞれ自分の秘密がある）

⑩ 那个地方每年冬天都很冷。
Nèige dìfang měinián dōngtiān dōu hěn lěng.
（あの場所は毎年冬はとても寒い）

4 目的語が複数の場合

複数の目的語は主語の前か後に置きます。

⑪ 那些书我都看了。Nèixiē shū wǒ dōu kàn le.
（あれらの本を私は全部読んだ）

⑫ 他两件都不喜欢。Tā liǎng jiàn dōu bù xǐhuan.
（彼は２枚とも好きではない）

5 主語＋“也”＋“都”＋動詞 / 形容詞 / “是”＋名詞

“也”と“都”を同時に使う時は“也”が先、“都”が後です。

⑬ 你不去，我们也都不去。Nǐ bú qù, wǒmen yě dōu bú qù.

（あなたが行かないなら、私達もみんな行かない）

⑭ 这些衣服都很漂亮，价钱也都不贵。

Zhèixiē yīfu dōu hěn piàoliang, jiàqián yě dōu bú guì.

（これらの服はとてもきれいだし、値段もみんな高くない）

練　習

1．次の中国語を日本語に訳してください。

① 他两瓶都喝了。

② 我爸爸每天都去跑步。

③ 这些病毒都很可怕。

④ 我每星期一都比较忙，周三周四都比较有空。

⑤ 这些不都是中国菜，也有韩国菜。

2．次のピンインを中国語に直し、日本語に訳してください。

① Dàjiā dōu ānjìng yíxià, bú yào chǎo.

② Wǒmen yě dōu bù zhīdào nèi jiàn shì.

③ Shānxià tāmen měitiān dōu qù dǎgōng.

④ Běntián měi ge yuè dōu qù Shànghǎi chūchāi.

⑤ Zhèi tái diànnǎo hé nèi tái diànnǎo dōu shì nǐ de ma?

3．次の日本語を中国語に訳してください。

① 紅茶もコーヒーもおいしいと思う。

② 上田さん達はあそこであなたを待っている。

③ みんなそれぞれいい所があると思う。

④ これらの古本はみんな 100 円ですか。

⑤ 中国では箸を使っている。日本でも韓国でも箸を使っている。

4．次の誤文を正しく直してください。

① あれらの場所はみんな危ないです。

*那些地方危险。

② 彼らはみんな 1 年生です。

*他们都一年生。

③ 昨日も今日も忙しくない

*昨天也今天也不忙。

④ 彼らは 18 歳ではない。

*他们不都十八岁。

⑤ 山田さん達もみんなケータイのゲームが好きです。

*山田他们都也喜欢手机游戏。

第50課

否定副詞“不/没”+動詞

“不 bù”は未来の動作の否定、“没 méi”は過去と現在の動作の否定です。意志、感情、理解の動詞と助動詞（“想”“要”など）の否定は全て“不”です。

1　主語＋“不”＋動詞（＋目的語）
主語＋“不”＋助動詞＋動詞（＋目的語）

1.1　未来動作の否定：…しない

① 明天我不去打网球。Míngtiān wǒ bú qù dǎ wǎngqiú.
（明日私はテニスをしに行かない）

② 明年他不来日本。Míngnián tā bù lái Rìběn.
（来年彼は日本に来ない）

1.2　意志、感情、理解の否定：
…しない、好きではない、知らない

③ 以前我不吃辣的，现在也不吃。
Yǐqián wǒ bù chī là de, xiànzài yě bù chī.
（以前私は辛い物を食べなかったし、今も食べない）

④ 他以前不喜欢运动，现在也不喜欢。
Tā yǐqián bù xǐhuan yùndòng, xiànzài yě bù xǐhuan.
（彼は以前運動が好きではなかったし、今も好きではない）

⑤ 他以前不知道，现在也不知道。
Tā yǐqián bù zhīdào, xiànzài yě bù zhīdào.
（彼は以前知らなかったし、今も知らない）

1.3 助動詞の否定：…ない

会話の時は助動詞の後の動詞を省略可。

⑥ 他以前不会开车，现在也不会。
Tā yǐqián bú huì kāichē, xiànzài yě bú huì.
（彼は以前運転できなかったし、今もできない）

⑦ 我今天不想去，明天也不想去。
Wǒ jīntiān bù xiǎng qù, míngtiān yě bù xiǎng qù.
（私は今日行きたくないし、明日も行きたくない）

1.4 判断動詞“是”の否定：…ではない

⑧ 今天不是八日，明天也不是八日，后天也不是。
Jīntiān bú shì bā hào, míngtiān yě bú shì bā hào, hòutiān yě bú shì.
（今日は8日ではないし、明日も明後日も8日ではない）

⑨ 去年不是牛年，今年和明年也都不是，是后年。
Qùnián bú shì niúnián, jīnnián hé míngnián yě dōu bú shì, shì hòunián.
（去年は丑年ではなかった。今年も来年も違う。再来年です）

2 主語＋“没”＋動詞（＋目的語）

2.1 現在と過去の動作の否定：…していない、…しなかった

⑩ 我现在没上网，我在学习。Wǒ xiànzài méi shàngwǎng, wǒ zài xuéxí.
（私は今ネットをしていない。勉強しているよ）

⑪ 昨天我没复习汉语。Zuótiān wǒ méi fùxí Hànyǔ.
（昨日中国語を復習しなかった）

2.2 過去の経験の否定：…したことがない

⑫ 我没去过万里长城。Wǒ méi qùguo Wàn Lǐ Chángchéng.
（私は万里の長城に行ったことがない）

⑬ 他没看过中国电影。Tā méi kànguo Zhōngguó diànyǐng.
(彼は中国の映画を見たことがない)

2.3 過去、現在、未来の“有”の否定：…なかった、…ない

⑭ 他以前没有机会，现在也没有机会，将来也可能没有机会。
Tā yǐqián méiyǒu jīhuì, xiànzài yě méiyǒu jīhuì, jiānglái yě kěnéng méiyǒu jīhuì. (彼は以前チャンスがなかった、今もないし、将来もないかもしれない)

練 習

1．次の中国語を日本語に訳してください。

① 这些都不是我买的，都是我朋友给我的。
② 去年我不会用微信，现在会用了。
③ 我没去过西安，也没去过洛阳。
④ 他昨天感冒了，没上班。
⑤ 以前她不喜欢养狗，现在喜欢了。

2．次のピンインを中国語に直し、日本語に訳してください。

① Shānxià zuótiān méi qù dǎgōng, yìzhí zài jiā xuéxí.
② Wǒ xiànzài méiyǒu qián yě méiyǒu shíjiān.
③ Zuótiān Xiǎoxī méi fùxí Hànyǔ, yě méi yùxí Yīngyǔ.
④ Tā bàba bù chōu yān, yě bù hē jiǔ.
⑤ Tiánzhōng zhèige shǔjià bù xiǎng qù Měiguó liúxué.

3．次の日本語を中国語に訳してください。

① 多くの人は中国の本当の状況を知らない。

② 彼はあのようなことを話さなかった。

③ 今の大学生は政治にも経済にも無関心ですか。

④ 彼らはみんな韓国人の留学生ではない。

⑤ 私は細かいお金を持ってない。

4．次の誤文を正しく直してください。

① 私は以前納豆を食べなかったが、今はとても好きだ。

＊我以前没吃纳豆。现在很喜欢。

② 私はゴルフをしたことがない。

＊我不打过高尔夫球。

③ 彼は今買い物に行きたくない。

＊他现在没想去买东西。

④ 彼は私の電話番号を知らない。

＊他没知道我的电话号码。

⑤ 彼は明日家にいない。

＊他明天没在家。

否定副詞“不 / 没”+形容詞

基本的に形容詞の否定は“不”で、「“有”形容詞」は“没”です（第10 課参照）。形容詞は過去、現在、未来の変化がありません。形容詞の重ね型は否定形がありません。

1 一般形容詞の否定

主語＋“不”＋形容詞。（…ない / なかった）

① 昨天不冷，今天也不冷，明天也不冷吧。
Zuótiān bù lěng, jīntiān yě bù lěng, míngtiān yě bù lěng ba.
（昨日は寒くなかった、今日も寒くない、明日も寒くないだろう）

② 以前不热，现在也不热，以后也不热吧。
Yǐqián bú rè, xiànzài yě bú rè, yǐhòu yě bú rè ba.
（以前は暑くなかった、今も暑くない、これからも暑くないだろう）

2 「“有”形容詞」の否定

「“有”形容詞」の否定は“没”で、“有”は省略可。

③ 这个电影真没（有）意思。Zhèige diànyǐng zhēn méi(yǒu) yìsi.
（この映画は本当に面白くない）

④ 这个孩子很没（有）礼貌。Zhèige háizi hěn méi(yǒu) lǐmào.
（この子はとても失礼だ）

3 形容詞の重ね型は否定できない

⑤ 彼は少しも早く話していない。

＊他不快快说。

○ 他说得一点儿也不快。Tā shuōde yìdiǎnr yě bú kuài.

⑥ 彼ははっきり言わなかった。

＊他说得没清清楚楚。

○ 他说得不清楚。Tā shuōde bù qīngchu.

練習

1．次の中国語を日本語に訳してください。

① 他说话很有水平。

② 那种管理方式没有人性，不合适。

③ 和他一起工作，很没有意思。

④ 洗澡水不冷也不热，正好。

⑤ 我觉得这个问题不重要，也没有意义。

2．次のピンインを中国語に直し、日本語に訳してください。

① Lǐ Yǒng bú pàng yě bú shòu a.

② Nèige xuésheng xuéxí bú rènzhēn, yě hěn méi lǐmào.

③ Wǒ juéde nèige dìfang bù gānzào yě bù cháoshī.

④ Zhèixiē cài hěn yóunì, bù hǎochī, bú jiànkāng.

⑤ Wáng Yīng zuò shì hěn méiyǒu xìnxīn.

3. 次の日本語を中国語に訳してください。

① この新しいスポーツは人気がないそうです。

② 彼の身長は高くもなく、低くもない。

③ この時間は早くもなく、遅くもない。

④ あの人は教養がないし、大変失礼だ。

⑤ この教室は広くもなく、狭くもない。

4. 次の誤文を正しく直してください。

① 彼は今の生活が面白くないと思う。

*他觉得现在的生活不有意思。

② 昨日食べた料理はおいしくなかった。

*昨天吃了菜没好吃。

③ 以前、彼は太っていなかった。

*以前他不胖了。

④ あの玉はただの石だ、価値がないよ。

*那个玉只石头，不有价值。

⑤ これらの茶碗は彼はきれいに洗っていない。

*这些茶杯他洗得不干干净净。

第 52 課

否定副詞“别”＋動詞（＋“了”）

“别 bié”は禁止を表す否定副詞で、動詞の前に置き、「…しないで、やめて」という意味です。語尾に助詞“了”をつけるかどうかで意味が異なります。

1 “别”＋動詞：…をしないで

未発生の動作の禁止。

① 明天我去，你别去。Míngtiān wǒ qù, nǐ bié qù.
（明日は私が行く、あなたは行かないで）

② 让他说，你别说。Ràng tā shuō, nǐ bié shuō.
（彼に言ってもらう、あなたは言わないで）

2 “别”＋動詞＋“了”：…をやめて

継続している動作の禁止。

③ 你醉了，别喝了。Nǐ zuì le, bié hē le.
（もう酔っているよ、これ以上飲まないで）

④ 好了好了，我明白了，别再说了。
Hǎo le hǎo le, wǒ míngbai le, bié zài shuō le.
（いいよいいよ、わかった。もう言わないで）

③ "别"＋動詞＋"了"：…をしないで

未発生だが、望ましくない動作（病気や怪我など）の禁止。2音節動詞は"了"を省略可。

⑤ 小心，别跌倒（了）。Xiǎoxīn, bié diēdǎo (le).
（気をつけて、転ばないで）

⑥ 别忘了明天是你爸爸的生日。
Bié wàngle míngtiān shì nǐ bàba de shēngrì.
（明日はお父さんの誕生日だから、忘れないで）

練　習

1．次の中国語を日本語に訳してください。

① 这件事你别告诉刘老师。

② 地上很滑，别摔倒了。

③ 明天的发表会，你别紧张，慢慢儿说。

④ 你已经吃很多了，别吃了，这些留给你弟弟。

⑤ 这个汤很烫，慢慢儿喝，别烫了。

2．次のピンインを中国語に直し、日本語に訳してください。

① Nǐ méiyǒu qián? Bié kāi wánxiào le.

② Yǐjīng jiǔ diǎn le, bié shuì le, kuài qǐlai.

③ Xiǎoxīn nǐ de hùzhào, bié diū le.

④ Míngtiān bié děng wǒ, nǐ xiān huí jiā.

⑤ Nǐmen xià ge xīngqī dōu bié chídào.

3．次の日本語を中国語に訳してください。

① 寝ないで、宿題をまだやってないよ。

② 寒くなってきたね。風邪をひかないで。

③ 映画がもう始まったよ。もう彼を待たないで。

④ この感染状況だから、カラオケに行くのはやめたら。

⑤ 電話の詐欺が多いので、騙されないでね。

4．次の誤文を正しく直してください。

① この小さい問題を軽く見ないで。

＊别看轻了这个小问题。

② あなたはこの問題を考えないで。

＊你别想了这个问题。

③ あの本はあげるから、買わないで。

＊那本书，我给你，你不买。

④ あなたは運転するのだから、酒を飲まないで。

＊你要开车，别喝酒了。

⑤ 気をつけて、ケータイを落とさないで。

＊小心，你的手机别掉。

第53課

程度副詞“很”“太”

程度副詞の“很 hěn”は元々は「とても」の意味ですが、軽く言うと「とても」の意味がなく、単なる文法的な役割になります。「飾りの“很”」とも言います。“太 tài”は「大変」と「…すぎる」の意味があります。両者とも形容詞と感情動詞、助動詞を修飾できます。

1 “很”：とても
主語＋“很”＋形容詞／「“有”形容詞」／感情動詞

① 北京烤鸭很好吃。Běijīng kǎoyā hěn hǎochī.
（北京ダックはとてもおいしい）

② 那个棒球选手很有人气。Nèige bàngqiú xuǎnshǒu hěn yǒu rénqì.
（あの野球選手はとても人気がある）

③ 他妹妹很爱唱歌跳舞。Tā mèimei hěn ài chàng gē tiàowǔ.
（彼の妹さんは歌とダンスがとても好きだ）

2 “很”：意味なし、文法的な機能（飾りの“很”）
主語＋“很”＋形容詞

形容詞文の肯定形は、「とても」ではなく、普通のレベルでも、他の副詞がなければ“很”が必要です。この時“很”は軽く発音します。対比文と返答文は“很”がなくてもいいです。形容詞や「“有”形容詞」、感情動詞、助動詞の前に副詞があったり、疑問文の場合は「とても」の意味になります。

④ 你很好。大家都知道。Nǐ hěn hǎo.Dàjiā dōu zhīdào.
（あなたはいいよ。みんな知っている）

⑤ 你好，我不好。Nǐ hǎo, wǒ bù hǎo.
（あなたはよいが、私はよくない）

⑥ 你好吗？ Nǐ hǎo ma? —— 好。Hǎo.
（お元気ですか —— はい、元気です）

3 “太…了”：大変…、とても…
主語＋“太”＋形容詞 /「“有” 形容詞」/ 感情動詞＋“了”

プラスイメージの形容詞の感嘆文は“太…了”で表し、“了”を省略できません。普通の文なら、“太”ではなく“很”を使います。

⑦ 这个茶太香了。Zhèige chá tài xiāng le.
（このお茶はなんていい香りなの！）

⑧ 那个电影太有意思了。Nèige diànyǐng tài yǒu yìsi le.
（あの映画はなんて面白いの！）

⑨ 我太喜欢唱卡拉 OK 了。Wǒ tài xǐhuan chàng kǎlā OK le.
（私はとーってもカラオケが好きだよ）

4 “太…（了）”：…すぎる
主語＋“太”＋形容詞（＋“了”）

“了”は省略可。

⑩ 这个菜太咸（了）。Zhèige cài tài xián (le).
（この料理は塩辛すぎる）

⑪ 那个蛋糕太甜（了）。Nèige dàngāo tài tián (le).
（あのケーキは甘すぎる）

練　習

1．次の中国語を日本語に訳してください。

① 我家很乱，你别笑啊。

② 我很喜欢小孩子，我觉得小孩子都很可爱。

③ 这个手机十万日元？　太贵了。

④ 那个男明星太酷了！我很喜欢他。

⑤ 这个作家很有人气，她写的小说都很有意思。

2．次のピンインを中国語に直し、日本語に訳してください。

① Dàchuān tāmen de dàxué liúxuéshēng hěn shǎo.

② Zhèige ruǎnjiàn hěn yǒu wèntí, nǐ bié xiàzài.

③ Nèi jiā biànlìdiàn rén tài duō, bié qù ba.

④ Wǒ xiànzài hěn è, yǒu méiyǒu chī de dōngxi?

⑤ Zhèige kāfēi tài hǎohē le, nǐ zài nǎr mǎi de?

3．次の日本語を中国語に訳してください。

① ああ！ここはなんてきれいなんでしょう！

② このマーボー豆腐は辛すぎる！水を１杯ください。

③ 今日の授業はとても面白くて、とても楽しかった。

④ 感染者が１日７万人だなんて、とても怖い！

⑤ 仕事はみんな難しい。楽ではないよ。頑張って。

4．次の誤文を正しく直してください。

① もうお腹いっぱいです。ありがとうございます。

＊我太饱了。谢谢。

② 彼は昨日すごく疲れたようです。

＊他昨天好像太累了。

③ 日本料理はおいしいよ。

＊日本菜好吃。

④ あの人は金持ちだが、時間がない。

＊那个人有钱人，可是没有时间。

⑤ これは面白い本よ、読みますか。

＊这是有意思的书，你看吗？

第54課

程度副詞“不太”“不怎么”

“不太 bú tài”も“不怎么 bù zěnme”も「あまり…ではない」という意味です。“不太”は形容詞、感情動詞、理解動詞、助動詞を修飾し、一般動詞は修飾できません。“不怎么”は主に動詞（“是、有、在”以外）を修飾しますが、形容詞にも使えます。

1 “不太”：あまり…ではない、そんなに…ではない
主語＋“不太”＋形容詞／感情動詞／理解動詞／助動詞

① 这个西瓜不太甜。Zhèige xīguā bú tài tián.
（このスイカはあまり甘くない）

② 那个电视节目不太有意思。Nèige diànshì jiémù bú tài yǒu yìsi.
（あのテレビ番組はあまり面白くない）

③ 他爸爸不太关心他的学习。Tā bàba bú tài guānxīn tā de xuéxí.
（彼のお父さんはあまり彼の勉強を気にかけていない）

④ 我不太了解他。Wǒ bú tài liǎojiě tā.
（私は彼についてあまり知らない）

⑤ 他病还没完全好，还不太能吃东西。
Tā bìng hái méi wánquán hǎo, hái bú tài néng chī dōngxi.
（彼の病気はまだ完全に治っていないので、まだあまり食べられない）

2 “不怎么”：あまり…しない、あまり…ではない

2.1 主語＋“不怎么”＋動詞／助動詞：あまり…ない

⑥ 他常吃鸡肉，不怎么吃牛肉。
Tā cháng chī jīròu, bù zěnme chī niúròu.
（彼はよく鶏肉を食べ、牛肉はあまり食べない）

⑦ 山中不怎么喜欢运动。Shānzhōng bù zěnme xǐhuan yùndòng.
（山中さんはあまり運動が好きではない）

⑧ 这个词的用法我不怎么明白。
Zhèige cí de yòngfǎ wǒ bù zěnme míngbai.
（この単語の用法は、私はあまりよくわからない）

⑨ 我奶奶不怎么会用手机。Wǒ nǎinai bù zěnme huì yòng shǒujī.
（おばあちゃんはあまりケータイを使えない）

2.2 主語＋“不怎么”＋形容詞：あまり…ではない

慰めや、不満の気持ちを含みます。「“不太”＋形容詞」はその気持ちがありません。

⑩ 他的伤不怎么严重。Tā de shāng bù zěnme yánzhòng.
（彼の怪我はあまりひどくない）

⑪ 这种啤酒不怎么好喝。Zhèi zhǒng píjiǔ bù zěnme hǎohē.
（このビールはそんなにおいしくない）

練　習

1．次の中国語を日本語に訳してください。

① 我爸爸在家不怎么喝酒。

② 有些年轻的父母不怎么会教孩子。

③ 这个问题不太难，你慢慢儿想吧。

④ 我觉得这些旧邮票不太有价值。

⑤ 那儿交通不太方便，房租也不太便宜。

2．次のピンインを中国語に直し、日本語に訳してください。

① Bāo jiǎozi bú tài nán, lái, wǒ jiāo nǐ.

② Nèige dìfang bú tài ānquán, nǐ bié qù ba.

③ Wǒ bú tài míngbai nǐ shuō de huà.

④ Tiánzhōng bù zěnme xǐhuan chī mápó dòufu.

⑤ Wǒ chīle yào le, xiànzài bù zěnme téng le.

3．次の日本語を中国語に訳してください。

① 今週の中国語の宿題はあまり多くない。

② このマーボー豆腐はあまり辛くないよ。私は食べられる。

③ 彼は家であまり料理をしない。いつもお弁当を買って食べる。

④ 川村さんはあまり勉強しないので、成績はあまりよくない。

⑤ あの会議に参加するには、この服はあまり合わないね。

4．次の誤文を正しく直してください。

① 私はあまり体を鍛えない。

＊我不太锻炼身体。

② 彼はあまり日本料理を食べない。

＊他不太吃日本菜。

③ この商品はあまり売れない。

＊这个商品不怎么卖。

④ コンビニにあまり人がいない。

＊便利店里有不太多人。

⑤ あの授業はあまり面白くない。

＊那个课不有意思。

第55課

時間副詞“常”“老”“总”

時間副詞の“常 cháng”(“常常” も同じ) “老 lǎo” “总 zǒng” は動詞を修飾し「いつも」の意味ですが、それぞれニュアンスは異なります。

1 “常”

肯定はよく“常常”を使います。否定は“不常常”ではなく“不常”。感情的なニュアンスがなく、ニュートラルです。

① 我家常（常）包饺子。Wǒ jiā cháng(cháng) bāo jiǎozi.
（我が家はよく餃子を作る）

② 他不常出差。Tā bù cháng chūchāi.（彼はあまり出張しない）

2 “老”

“是”つけて“老是”とも言います。否定形は“老不是”でも“不老是”でもなく、“老”か“老是”の後に“不”か“没”をつけます。不満の気持ちを含みます。“老”は「“这么／那么”＋形容詞」を修飾できますが、“常”はできません。

2.1 “老／老是”＋動詞(＋目的語)

③ 他老（是）迟到。Tā lǎo(shì) chídào.（彼はしょっちゅう遅刻する）

④ 他老（是）不学习，整天玩儿手机游戏。
Tā lǎo(shì) bù xuéxí, zhěngtiān wánr shǒujī yóuxì.
（彼はいつも勉強しない。一日中、携帯のゲームをしている）

2.2 “老 / 老是” + “这么 / 那么” + 形容詞 / 感情動詞

⑤ 他老（是）那么粗心。Tā lǎo(shì) nàme cūxīn.
（彼はいつもあのようにうっかりしている）

⑥ 他老（是）那么爱抽烟。Tā lǎo(shì) nàme ài chōuyān.
（彼はいつもあのようにタバコが好きだ）

3 “总”

“总是”とも言います。感情を含み、不満な時も、ほめる時も使います。否定の“不”は“总”の後に置き、「“这么／那么”＋形容詞」も修飾できます。

3.1 “总 / 总是” + 動詞（＋目的語）

⑦ 有空时她总（是）会帮妈妈做家务。
Yǒu kòng shí tā zǒng(shì) huì bāng māma zuò jiāwù.
（時間がある時、彼女はいつもお母さんの家事を手伝う）

⑧ 她总（是）不帮妈妈做一点儿家务。
Tā zǒng(shì) bù bāng māma zuò yìdiǎnr jiāwù.
（彼女はいつもお母さんの家事を少しも手伝わない）

3.2 “总 / 总是” + “这么 / 那么” / “很” + 形容詞 / 感情動詞

⑨ 他总（是）那么傻，什么人的话都相信。
Tā zǒng(shì) nàme shǎ, shénme rén de huà dōu xiāngxìn.
（彼はいつもあのように愚かだ、誰の話でも信じ込む）

⑩ 他总（是）很喜欢帮助别人。
Tā zǒng(shì) hěn xǐhuan bāngzhù biéren.
（彼はいつもとても人を助けるのが好きだ）

練　習

1．次の中国語を日本語に訳してください。

① 你爸爸这个月常常加班，太辛苦了。

② 他有微信，但是不常用。

③ 他老爱多想，老爱自寻烦恼。

④ 你别总是照顾别人，有时也得照顾自己啊。

⑤ 山田总喜欢跟大家一起喝酒聊天。

2．次のピンインを中国語に直し、日本語に訳してください。

① Wǒ bàba bù cháng qù Zhōngguó chūchāi.

② Tiánzhōng zuò shì zǒngshì nàme rènzhēn.

③ Zhè liǎng nián wǒ jiějie lǎo gǎnmào.

④ Zhèige háizi lǎo bù tīng māma de huà.

⑤ Lǐ Yīng xīngqītiān cháng zài jiā zhàogu nǎinai.

3．次の日本語を中国語に訳してください。

① 彼女はいつもジーンズを履くのが好きだ。

② 彼の奥さんはいつも人を批判するのが好きだ。

③ 高橋さんはいつもあまり人の意見に反対しない。

④ 李賢さんはよく病院にボランティアをしに行く。

⑤ 彼はしょっちゅう朝ごはんを食べない。

4．次の誤文を正しく直してください。

① 私はあまり中国料理を食べない。

＊我不常常吃中国菜。

② 彼はすごい！いつも人を助けるのが好きだ。

＊他了不起，老爱帮助人。

③ 彼女の部屋はいつもきれいだ。

＊她的房间常常很干净。

④ おかしい、彼女は今年どうしてしょっちゅう風邪をひくの？

＊奇怪，她今年怎么常常感冒?

⑤ 私は毎日卵を１個食べる。

＊我每天总吃一个鸡蛋。

第 56 課

程度副詞“更”“最”

“更 gèng”(さらに、もっと) と “最 zuì”(もっとも) は名詞や一般動詞は修飾できず、形容詞、感情動詞、理解動詞、助動詞しか修飾できません。

1 “更”：いっそう、さらに、より、もっと

1.1 “更”＋形容詞 / 感情動詞 / 理解動詞 / 助動詞

比較文でよく使います。一般動詞には使えず、“我要更学习”とは言えません。命令形も使えず、「もっと早くして」は“你更快”とは言えません。

① 这个很贵，那个比这个更贵。
Zhèige hěn guì, nèige bǐ zhèige gèng guì.
(これは高い、あれはこれよりもっと高い)

② 我很高兴，我妈妈比我更高兴。
Wǒ hěn gāoxìng, wǒ māma bǐ wǒ gèng gāoxìng.
(私はとてもうれしい、母は私よりもっと喜んでいる)

③ 学习汉语后，我更了解中国了。
Xuéxí Hànyǔ hòu, wǒ gèng liǎojiě Zhōngguó le.
(中国語を習ってから、さらに中国を理解した)

④ 他身体不好，更不能去。Tā shēntǐ bù hǎo, gèng bù néng qù.
(彼は体がよくないので、なおさら行けない)

1.2 “更”＋「“有” 形容詞」

「“有” 形容詞」も “更” を使えます。“他更有教养”（彼はもっと教養がある）、“她更有希望”（彼女はもっと望みがある）。形容詞ではない「“有”＋名詞」は使えません。「もっと本がある」は “更有书” とは言えません。

⑤ 你有信心，我比你更有信心。
Nǐ yǒu xìnxīn, wǒ bǐ nǐ gèng yǒu xìnxīn.
（あなたは自信があるが、私はあなたよりもっと自信があるよ）

⑥ 他没有时间，我更没有时间。
Tā méiyǒu shíjiān, wǒ gèng méiyǒu shíjiān.
（彼は時間がない、私はもっとないよ）

1.3 “更”＋形容詞／感情動詞／理解動詞／「助動詞＋動詞」＋“的”＋名詞

“更” 構造が名詞を修飾する時は “的” が必要です。

⑦ 更可怕的事你知道吗？ Gèng kěpà de shì nǐ zhīdào ma?
（もっと怖いことをあなたは知っていますか）

⑧ 我现在更想去的国家是中国。
Wǒ xiànzài gèng xiǎng qù de guójiā shì Zhōngguó.
（今もっと行きたい国は中国だ）

2 “最”：もっとも、一番

2.1 “最”＋形容詞／感情動詞／理解動詞／助動詞

“更” と同じく、“有”、“在”、一般動詞、名詞を修飾できません。“他最有书”、“他最学习”、“最人口多” とは言えません。命令形には使えません。

⑨ 世界上中国人口最多。Shìjièshang Zhōngguó rénkǒu zuì duō.
（世界で中国の人口が一番多い）

⑩ 她最喜欢吃北京烤鸭。Tā zuì xǐhuan chī Běijīng kǎoyā.
（彼女は北京ダックが一番好きだ）

⑪ 你们不了解她，我最了解她。Nǐmen bù liǎojiě tā, wǒ zuì liǎojiě tā.
（あなた達は彼女のことがわかっていない。私が一番わかっている）

⑫ 我觉得我最应该感谢您。Wǒ juéde wǒ zuì yīnggāi gǎnxiè nín.
（私は一番あなたに感謝しなければならないと思う）

2.2 “最”＋「“有”形容詞」

「“有”形容詞」を修飾できます。“最有志气”（もっとも気骨がある）、“最有能力”（もっとも能力がある）。

⑬ 教汉语他最有经验。Jiāo Hànyǔ tā zuì yǒu jīngyàn.
（中国語を教えるのは彼が一番経験が豊かだ）

⑭ 这个东西最没有价值。Zhèige dōngxi zuì méiyǒu jiàzhí.
（これはもっとも価値がない）

2.3 “最”＋形容詞／感情動詞／理解動詞／「助動詞＋動詞」＋“的”＋名詞

“最”構造が名詞を修飾する時は“的”が必要です。

⑮ 日本最高的山是富士山。Rìběn zuì gāo de shān shì Fùshìshān.
（日本で一番高い山は富士山だ）

⑯ 你最爱的人是谁？ Nǐ zuì ài de rén shì shéi?
（あなたがもっとも愛している人は誰ですか）

練　習

1．次の中国語を日本語に訳してください。

① 我觉得汉语最难的是发音。

② 战争时期，最可怜的是一般人民。

③ 我最不喜欢吃的东西是纳豆。

④ 李老师很关心我们，我们更应该努力学习。

⑤ 你的话有道理，他的话更有道理。

2．次のピンインを中国語に直し、日本語に訳してください。

① Wǒ hěn shòu, tā bǐ wǒ gèng shòu.

② Wǒ bàba bǐ wǒ māma gèng huì zuò cài.

③ Xiànzài shéi shì zuì yǒu rénqì de bàngqiú xuǎnshǒu?

④ Wǒ juéde Tiánzhōng xuéxí zuì rènzhēn,chéngjì zuì hǎo.

⑤ Dàxià de huà bǐ nǐ shuō de gèng méiyǒu yìsi.

3．次の日本語を中国語に訳してください。

① 伊藤さんはお金がない。私はもっとお金がない。

② 人生で一番価値がある物は何でしょうか。

③ あなたがもっともやりたいことは何でしょうか。

④ インフルエンザは怖い、コロナはもっと怖い。

⑤ 山中さんも中山さんも中国語はうまいが、どちらのほうがよりうまいと思いますか。

4．次の誤文を正しく直してください。

① 私はもっと中国語を話したい。

＊我要更说汉语。

② もっとも人口が多い国は中国です。

＊最人口多的国家是中国。

③ 田中さんは一番勉強する人です。

＊田中是最学习的人。

④ 政府はもっと人民を助けなければならない。

＊政府应该更帮助人民。

⑤ 私は一番良い薬は寝ることだと思う。

＊我觉得最好药是睡觉。

第 57 課

時間副詞と範囲副詞の“就”

“就 jiù”は時間の「すぐに」、範囲の「…だけ」、関連の「…ならば」、語気の「…こそ」を表す大変重要な副詞です。この課で時間副詞と範囲副詞の“就”、次の課で関連副詞と語気副詞の“就”を学習します。

1 時間副詞の“就”

1.1 主語＋“就”＋動詞：すぐに

動作を時間的に早く行ったことを表します。必ず動詞の前に置きます。

① 他就来，你等一下。Tā jiù lái, nǐ děng yíxià.
（彼はすぐ来ます。ちょっと待っていてください）

② 我现在就去。Wǒ xiànzài jiù qù.（私は今すぐ行く）

1.2 主語＋動詞$_1$＋“了”（＋目的語）＋“就”＋動詞$_2$（＋目的語）：すぐに

ある動作をしてから「すぐに」次の動作をする時に“就”を使います。毎日する動作と未来の動作は文末の“了”がいりませんが、過去の動作はいります。

③ 他每天回了家就学习汉语。Tā měitiān huíle jiā jiù xuéxí Hànyǔ.
（彼は毎日家に帰ったら、すぐ中国語を勉強する）

④ 他昨天回了家就学习汉语了。Tā zuótiān huíle jiā jiù xuéxí Hànyǔ le.
（彼は昨日家に帰ったら、すぐ中国語を勉強した）

1.3 主語＋時間詞 / 年齢＋“就”＋動詞＋“了”：すでに、とっくに

動作を早い時間に行ったことを“就”で表し、文末に“了”をつけます。

⑤ 九点上课，中田八点就来了。
Jiǔ diǎn shàngkè, Zhōngtián bā diǎn jiù lái le.
(9 時の授業だが、中田さんは 8 時にもう来た)

⑥ 她三岁就学习英语了。Tā sān suì jiù xuéxí Yīngyǔ le.
(彼女は 3 歳の時にもう英語を習った)

2 範囲副詞の“就”

2.1 主語＋“就”＋名詞 / 数量詞 / 動詞句：ただ、だけ

⑦ 我们班就他是东京人。Wǒmen bān jiù tā shì Dōngjīngrén.
(私達のクラスで、彼だけ東京の出身だ)

⑧ 他们公司就三个女职员。Tāmen gōngsī jiù sān ge nǚzhíyuán.
(彼らの会社には女性社員は 3 人だけだ)

⑨ 大下就去过中国，没去过其他国家。
Dàxià jiù qùguo Zhōngguó, méi qùguo qítā guójiā.
(大下さんは中国にしか行ったことがない。他の国に行ったことがない)

2.2 主語＋時間条件＋“就”＋動詞＋数量詞（＋目的語）：…も、だけ

アクセントを“就”に置くと数が少ない「だけ」の意味で、“就”の前の時間詞、或いは動詞の後の数量詞に置くと、数が多い「も」の意味になります。（下線はアクセントを置く所）

⑩ 他一个月就去三次。Tā yí ge yuè jiù qù sān cì.
（彼は1ヶ月に3回だけ行く）

⑪ 他一个月就去三次。Tā yí ge yuè jiù qù sān cì.
（彼は1ヶ月に3回も行く）

練　習

1．次の中国語を日本語に訳してください。

① 老师说了一遍，他就明白了。

② 他打工一个月就挣两万日元。（…だけ）

③ 昨天我们下了课就去买东西了。

④ 他好像三岁就来日本了。

⑤ 我就会说日语和一点儿汉语。

2．次のピンインを中国語に直し、日本語に訳してください。

① Zuótiān wǒ bú tài shūfu, jiǔ diǎn jiù shuì le.

② Wǒmen de Hànyǔ bān jiù shí ge rén.

③ Tā gēge měitiān xiàle bān jiù qù hē jiǔ.

④ Fàngxīn, bié kū, nǐ māma jiù huílai.

⑤ Xiànzài jiāli jiù wǒ yí ge rén.

3．次の日本語を中国語に訳してください。

① 今私は1000円しかない。あげられないよ。

② 彼は年に一度しか実家に帰らない。

③ 私は今すぐ彼に電話をする。待っていてください。

④ このことを彼らはもうとっくに知っている。

⑤ 飛行機で東京に行けばたった1時間15分で着くよ。

4．次の誤文を正しく直してください。

① 昔女性は15歳でもう結婚できたそうです。

＊听说以前女人就十五岁能结婚。

② 昨日ご飯を食べてからすぐに家に帰った。

＊昨天我们吃了饭回家了。

③ 昨晩ちょっとお酒を飲んですぐに寝ました。

＊昨天晚上喝了一点儿酒睡觉了。

④ 私はチャーハンしか作れない。

＊我只炒饭会做。

⑤ 彼はとっくにコーヒーを飲まなくなった。

＊他很早不喝咖啡了。

第58課

関連副詞と語気副詞の“就”

関連副詞の“就 jiù”は仮定（…なら）と因果（…ので）、条件（…さえすれば）、目的（…のために）の関係を表します。前後の主語が違ってもいいです。語気副詞の“就”は事実や比喩を強調する時に使います。「…こそ」「まるで」。

1　関連副詞の“就”

前半と後半の主語が同じ場合、どちらかを省略できます。

1.1　主語$_1$（仮定条件）…，（主語$_1$/）主語$_2$＋“就”＋動詞（＋目的語）：…なら

① 我有钱就去中国旅游。Wǒ yǒu qián jiù qù Zhōngguó lǚyóu.
（お金があったら、中国に旅行に行く）

② 他不来，我就不给他。Tā bù lái, wǒ jiù bù gěi tā.
（彼が来ないなら、私は彼にあげない）

1.2　主語$_1$（原因）…，（主語$_1$/）主語$_2$＋“就”＋動詞（＋目的語）：…ので

必ずすでに行ったことに使います。

③ 我昨天不舒服，就没出去。Wǒ zuótiān bù shūfu, jiù méi chūqu.
（私は昨日気分がよくなかったので、出かけなかった）

④ 老师前天没来，我们就在教室里自习。
Lǎoshī qiántiān méi lái, wǒmen jiù zài jiàoshìli zìxí.
（先生が一昨日来なかったので、私達は教室で自習した）

1.3 主語(目的)…，(主語＋)"就"＋動詞(＋目的語)：…のために

前半は目的を述べて、後半はその目的のために行うこと。

⑤ 他为了提高汉语水平，就去中国留学了。
Tā wèile tígāo Hànyǔ shuǐpíng, jiù qù Zhōngguó liúxué le.
(彼は中国語のレベルをアップするために、中国に留学に行った)

⑥ 为了孩子的教育，他们就搬家了。
Wèile háizi de jiàoyù, tāmen jiù bānjiā le.
(子供の教育のために、彼らは引っ越しをした)

2 語気副詞の"就"

2.1 主語＋"就"＋"是"/"在"/感情動詞＋目的語：他でもない、…こそ

これがそうだという事実の強調。

⑦ 那儿就是我们的学校。Nàr jiù shì wǒmen de xuéxiào.
(あそこが私達の学校だよ)

⑧ 他现在就在日本。Tā xiànzài jiù zài Rìběn.
(彼は今まさに日本にいるよ)

⑨ 我就喜欢吃中国菜。Wǒ jiù xǐhuan chī Zhōngguócài.
(他でもなく、私は中国料理が好きだ)

2.2 主語＋"就"＋"好像/像"＋目的語：まるで…のようだ

比喩を強調します。

⑩ 他们俩就像兄弟一样。Tāmen liǎ jiù xiàng xiōngdì yíyàng.
(あの2人は兄弟みたいだ)

⑪ 人生就好像天气，时好时坏。

Rénshēng jiù hǎoxiàng tiānqì, shí hǎo shí huài.

（人生は天気のようだ、良かったり悪かったりする）

練　習

1．次の中国語を日本語に訳してください。

① 下雨，我就不去，不下雨，我就去。

② 你不打工，就有时间学习。

③ 昨天我妈妈不舒服，我就在家照顾她。

④ 他就是我们的汉语老师，李老师。

⑤ 他们第一次见面就好像老朋友一样，有说有笑。

2．次のピンインを中国語に直し、日本語に訳してください。

① Dǎle yìmiáo jiù bǐjiào ānquán.

② Nǐ zhèyàng shuō jiù cuò le.

③ Míngtiān yǒu shíjiān wǒ jiù qù zhǎo nǐ.

④ Nàr hǎoxiàng jiù shì nǐ yào zhǎo de dìfang.

⑤ Zuótiān wǒ gǎnmào le, tóu hěn téng, jiù méi qù shàngkè.

3．次の日本語を中国語に訳してください。

① 糖尿病だったら、甘い物を食べないで。

② 退職したら、彼は世界一周旅行に行きたいそうです。

③ 彼が私達の上司です。彼に聞いてみてください。

④ 今私は家にいるよ。用事があったら来てください。

⑤ 父が私の留学に同意しなかったので、やめました。

4．次の誤文を正しく直してください。

① あの授業は出席すれば、単位がもらえるよ。

*那个课出席，能得到学分。

② 王英さんがわからなかったので、教えてあげました。

*因为王英不明白，我教她了。

③ 明日李強さんが来たら、彼に伝えてください。

*明天李强来了，你告诉他。

④ あそこは暑くて湿度が高く、まるで広島の６月の気候だ。

*那儿很热很潮湿，完全像广岛的六月天气。

⑤ 彼があそこであなたを待っているよ。早く行きなさい。

*他那儿等你，你快去。

第 59 課

時間副詞と範囲副詞の“才”

時間副詞の“才 cái”は時間副詞の“就”と反対で、時間的に遅く行った「やっと、ようやく」の意味です。範囲副詞の“才”は範囲副詞の“就”と似ていて「わずか、だけ」の意味ですが、意外や不満のニュアンスがあります。

1 時間副詞の“才”

1.1 主語＋“才”＋動詞：やっと、いましがた〈不満の気持ち〉

動作を行った時間が遅いことを表します。動詞の前に置き、相手を責める気持ちを含みます。

① 现在几点了？ 你才来。Xiànzài jǐ diǎn le? Nǐ cái lái.
（今何時になったの？君はやっと来たね）

② 这件事你现在才知道。太晚了。
Zhèi jiàn shì nǐ xiànzài cái zhīdào. Tài wǎn le.
（やっとこの事がわかったのか！もう遅い）

1.2 主語＋動詞$_1$＋“了”（＋目的語）（＋主語$_2$）“才”＋動詞$_2$（＋目的語）：やっと

ある動作をしてから、「やっと」次の動作をする時、“才”を使います。文末の“了”はいりません。状態の変化を表す時には“了”をつけます

③ 他昨天吃了晚饭才做作业。Tā zuótiān chīle wǎnfàn cái zuò zuòyè.
（彼は昨日晩ごはんを食べてから、やっと宿題をした）

④ 我给他打了电话，他才来。Wǒ gěi tā dǎle diànhuà, tā cái lái.
（彼に電話をして、彼はやっと来た）

⑤ 老师来了，大家才安静了。Lǎoshī lái le, dàjiā cái ānjìng le.
（先生が来たら、やっとみんなが静かになった）

1.3 主語＋時間詞／年齢＋“才”＋動詞：やっと、ようやく

動作を遅い時間に行ったことを“才”で表します。文末に“了”はいりません。状態の変化を表す時には“了”をつけます。

⑥ 九点上课，他十点才来。Jiǔ diǎn shàngkè, tā shí diǎn cái lái.
（9時の授業なのに、彼は10時にやっと来た）

⑦ 她三岁就学习英语了，我十二岁才开始学习。
Tā sān suì jiù xuéxí Yīngyǔ le, wǒ shí'èr suì cái kāishǐ xuéxí.
（彼女は3歳でもう英語を習ったが、私は12歳でやっと習い始めた）

⑧ 他以前根本不看书，上大学后才看书了。
Tā yǐqián gēnběn bú kàn shū, shàng dàxué hòu cái kàn shū le.（彼は以前まったく本を読まなかったが、大学に入ってからやっと読むようになった）

2 範囲副詞の“才”

2.1 主語＋“才”＋数量詞／時間／年齢／「動詞＋数量」：ただ、わずか、まだ

⑨ 他们公司才三个女职员。Tāmen gōngsī cái sān ge nǚzhíyuán.
（彼らの会社は女性社員がわずか3人です）

⑩ 现在才五点，再睡一会儿吧。Xiànzài cái wǔ diǎn, zài shuì yíhuìr ba.
（今はまだ5時だよ。もう少し寝ようよ）

⑪ 他才六岁，还没上学。Tā cái liù suì, hái méi shàng xué.
（彼はたったの6歳です、まだ学校に通っていません）

2.2 主語＋時間条件＋“才”＋動詞＋数量詞(＋目的語)：わずか

⑫ 他一个月才去三次。Tā yí ge yuè cái qù sān cì.
（彼は1ヶ月に3回しか行っていない）

⑬ 他一天才吃一顿饭。Tā yì tiān cái chī yí dùn fàn.
（彼は1日1食しか食べない）

練　習

1．次の中国語を日本語に訳してください。

① 她才五岁，还不懂事，别这样批评她。

② 我每天六点起床，我哥哥十点才起床。

③ 昨天我妈妈才允许我去留学。

④ 你怎么才来啊？　电影已经开始了。

⑤ 我妈妈一个月才给我一万日元，根本不够。

2．次のピンインを中国語に直し、日本語に訳してください。

① Xiànzài cái bā diǎn, túshūguǎn hái méi kāi.

② Zuótiān wǎnshang wǒ jiějie shí'èr diǎn bàn cái huí jiā.

③ Wǒ de gōngzī yí ge yuè cái èrshí wàn Rìyuán.

④ Chén Hóng cái lái Rìběn bàn nián, Rìyǔ jiù shuōde hěn búcuò le.

⑤ Nèige wèntí tài fùzá le, jīntiān cái jiějué le.

3．次の日本語を中国語に訳してください。

① このアルバイトは1時間たった900円だけなので、私はしない。

② あの国はたった2人が感染しただけで、すぐ町をロックダウンした。

③ 私は4年に1回しか国へ帰れなかったが、彼は1年に4回も帰った。

④ 彼はお酒を少ししか飲まなかったのに、すぐ酔っぱらいました。

⑤ あの子はたった5歳で、たくさん英語の歌を歌えるよ。

4．次の誤文を正しく直してください。

① 授業は9時からですが、彼は10時にやっと来た。

＊九点上课，他十点来了。

② 先生が3回説明したら、彼はようやくわかったみたいだ。

＊老师说了三遍他好像明白了。

③ 彼はたった12歳であの超難関の資格を取った。

＊他十二岁取得了那个很难的资格。

④ 彼はずっとあのことを言わなかったが、どういうわけか昨日やっと話した。

＊那件事他一直不说，不知道为什么昨天说了。

⑤ 今朝は10時にやっと起きたので、授業に遅れた。

＊今天我十点起床，上课迟到了。

第60課

関連副詞と語気副詞の“才”

関連副詞の“才 cái”は“就”と同じく条件、原因、目的を示せますが、“就”より強く感情を表します。仮定文には使えません。語気副詞の“才”は相手の意見に反対して、自分の意見を強く示す語気です。

1 関連副詞の“才”

1.1 “才”＋“能／会”＋動詞(＋目的語)：…しかできない、…こそできる

唯一か絶対的な条件を受けて、“才”でその可能性を示します。

① 这件事校长才能决定。Zhèi jiàn shì xiàozhǎng cái néng juédìng.
（この事は校長先生しか決められない）

② 你好好儿道歉，她才会原谅你。
Nǐ hǎohāor dàoqiàn, tā cái huì yuánliàng nǐ.
（あなたがちゃんと謝ったら、彼女は許してくれる）

1.2 (原因)…，主語＋“才”＋動詞(＋目的語)：…だから〜する

前半の原因を受けて、“才”でその結果を強く示します。

③ 因为你有能力，他才选你。Yīnwèi nǐ yǒu nénglì, tā cái xuǎn nǐ.
（あなたが能力があるから、彼はあなたを選んだ）

④ 那时候他在旁边儿，我才不告诉你。
Nà shíhou tā zài pángbianr, wǒ cái bú gàosu nǐ.
（その時彼がそばにいたから、私はあなたに言わなかった）

1.3 （目的）…，主語＋“才”＋動詞（＋目的語）：…のために～した

目的を受けて“才”で「仕方がなくしたこと」を強く示します。

⑤ 为了你，我才不告诉你。Wèile nǐ, wǒ cái bú gàosu nǐ.
（あなたのために、仕方なく言わなかったよ）

⑥ 为了减轻父母的负担，他才到上海工作。
Wèile jiǎnqīng fùmǔ de fùdān, tā cái dào Shànghǎi gōngzuò.
（親に負担をかけたくないから、彼は上海に働きに行った）

2 語気副詞の“才”

聞き手の意見に賛成せず、強く自分の考えを示す語気。

2.1 主語＋“才”＋形容詞：…こそ～である

⑦ 他才不笨，我才笨呢。Tā cái bú bèn, wǒ cái bèn ne.
（彼はバカなんかじゃないよ。私こそバカだよ）

⑧ 这个不太好，那个才好。Zhèige bú tài hǎo, nèige cái hǎo.
（これはあまりよくない、あれがいいよ）

2.2 主語＋“才”＋“是”／「“不／没”＋動詞」＋名詞：…こそ～である、…なんか～ない

⑨ 我不是英雄，你才是英雄。Wǒ bú shì yīngxióng, nǐ cái shì yīngxióng.
（私は英雄ではない、あなたこそ英雄だ）

⑩ 他才不去那儿，我去吧。Tā cái bú qù nàr, wǒ qù ba.
（彼なんかあそこに行かないよ。私が行くよ）

練 習

1．次の中国語を日本語に訳してください。

① 我已经没办法了，所以才求你帮忙。

② 你必须亲自求他，他才会答应你。

③ 我才不相信他的鬼话。你也千万别信。

④ 他住院后，才知道健康的重要。

⑤ 为了妻子和孩子，他才忍受一切痛苦，继续在外地打工。

2．次のピンインを中国語に直し、日本語に訳してください。

① Yǒu Lǐ lǎoshī cái yǒu wǒ de jīntiān.

② Nǐ yǒu nénglì, jiānglái cái yǒu hǎo gōngzuò.

③ Wǒ jīntiān shì wèile nǐ cái qù qiú jīnglǐ de.

④ Chén lǎoshī cái bù xiāngxìn zhèi jiàn shì shì zhēn de.

⑤ Zhǐyǒu tā lái, yíqiè cái néng jiějué.

3．次の日本語を中国語に訳してください。

① ちゃんと努力して勉強しないと、いい結果はありえないよ。

② 昨日大雨だったので、彼は仕方がなく家にいた。

③ 彼女はお金のために、あの年寄りと結婚した。

④ 私はあの人達なんか怖くないよ。

⑤ 病気が完全に治ったら、自分が好きな仕事ができるよ。

4．次の誤文を正しく直してください。

① 彼が日本語を話してくれたので、私はやっとわかった。

＊他说日语，我明白了。

② テキストのCDをたくさん聞かないと、中国語はうまくならない。

＊只有多听课本的CD，你的汉语就能进步。

③ HSK 5級がなければ、奨学金を申請することができない。

＊你要有HSK五级，可以申请奖学金。

④ 私は絶対に騙されなんかしないよ。

＊我一定不会受骗。

⑤ これこそいいものだ。

＊这个是真的好东西。

重複副詞“再”

重複副詞の“再 zài”は主に「もう一度」「また」「もっと」「…してから～する」「どんなに…」という意味があります。

1 主語＋“再”＋動詞(＋目的語)：また、もう一度

動作を未来に再び繰り返す時に使います。否定は普通、“不”か“别”を“再”の前に置きます。警告する時には動詞の前に置きます。

① 请你再说一遍。Qǐng nǐ zài shuō yí biàn.（もう一度言ってください）

② 我想再吃一个，可以吗？ Wǒ xiǎng zài chī yí ge, kěyǐ ma?
（もう1個食べたいですが、いいですか）

③ 你已经醉了，别再喝了。Nǐ yǐjīng zuì le, bié zài hē le.
（あなたはもう酔っているよ、もう飲まないで）

④ 你再不说，我走了。Nǐ zài bù shuō, wǒ zǒu le.
（あなたがまた言わないなら、私は帰るよ）

2 主語＋“再”＋動詞(＋目的語)：もっと

重複する回数がはっきりしない動作をする時に使います。否定は“不”を“再”の前に置きます。“不再去”(もう行かない)。“不”を“再也”の後に置くと、これからもうしないという決心になります。“再也不去”(「もうこれ以上行かない」という決心)。

⑤ 这个问题我再想想。Zhèige wèntí wǒ zài xiǎngxiang.
（この問題をもう少し考えさせて）

⑥ 我不再喝了。Wǒ bú zài hē le.
（もう飲まない）〈十分なので、もう飲まない〉

⑦ 我再也不喝了。Wǒ zài yě bù hē le.
（これからもう飲まない）〈病気などで、これからもう飲まないという決心〉

3 主語＋動詞₁＋“了”(＋目的語)，“再”＋動詞₂(＋目的語)：…してから〜をする

前半の「動詞＋“了”(＋目的語)」(…したら、…してから) を受けて、“再”を次の動作の前に置きます。

⑧ 你们洗了手再吃吧。Nǐmen xǐle shǒu zài chī ba.
(あなた達は手を洗ってから食べてください)

⑨ 我每天刷了牙再吃早饭。Wǒ měitiān shuāle yá zài chī zǎofàn.
(私は毎日歯を磨いてから朝ごはんを食べます)

4 主語＋“先”＋動詞₁(＋目的語)，“再”＋動詞₂(＋目的語)：先に…してから〜をする

⑩ 我先打电话问一下再去买。Wǒ xiān dǎ diànhuà wèn yíxià zài qù mǎi.
(先に電話で聞いてから買いに行きます)

⑪ 你先休息一下，再去吧。Nǐ xiān xiūxi yíxià, zài qù ba.
(先にちょっと休んでから、行ってください)

5 主語＋“再”＋形容詞＋“也”＋動詞：どんなに…でも〜

形容詞の前に置いて「どんなレベル、状態」かを表し、後ろに“也”を置いて“再…也”という文型で「どんなに…でも〜だ」という意味になります。

⑫ 那个东西再便宜我也不买。Nèige dōngxi zài piányi wǒ yě bù mǎi.
(あの物がどんなに安くても私は買わない)

⑬ 人生再困难你也要面对。Rénshēng zài kùnnan nǐ yě yào miànduì.
(人生がどんなに困難でもあなたは向き合わないといけない)

練　習

1．次の中国語を日本語に訳してください。

① 你再加油加油，别放弃。

② 再好的朋友也要互相尊敬。

③ 我每天回家后，先洗澡再吃饭。

④ 你再不听话，你妈妈会生气的。

⑤ 你要小心，别再上当了。

2．次のピンインを中国語に直し、日本語に訳してください。

① Zhèige hěn hǎochī, wǒ kěyǐ zài chī yí ge ma?

② Nǐ zài bù nǔlì xuéxí, nǐ māma huì hěn shāngxīn de.

③ Nèige wèntí wǒmen huí jiā zài shuō ba.

④ Wǒmen xiān qù kàn diànyǐng zài qù mǎi yīfu ba.

⑤ Zài xīnkǔ de gōngzuò wǒ yě bú pà, wǒ yě yào zuò.

3．次の日本語を中国語に訳してください。

① 結婚の話は卒業してから話しましょう。

② お母さん、もう何回も言ったよ、私はもう聞きたくない。

③ 皆さんの中国語はすでに悪くないよ、でももっと頑張ってください。

④ あの仕事の給料がどんなに高くても彼はしたくない。

⑤ 昼は李明さんはバイトですよ。夜にもう一度彼に電話してください。

4．次の誤文を正しく直してください。

① コーヒーをもう１杯くださいませんか。

＊可以给我再一杯咖啡吗？

② 私はあそこにもう一度行きたい。

＊我想再一次去那里。

③ あなたはもっと頑張って勉強してください。

＊你更加油学习吧。

④ 気をつけて、また風邪をひかないでね。

＊你得小心，别又感冒了。

⑤ どんなに忙しくても、ごはんを食べなければならない。

＊怎么忙也得吃饭。

第62課

重複副詞“又”

“又 yòu”は“再”と同じく「また」「もう一度」の意味がありますが、過去や定期的に繰り返す動作に使います。その他、現在、過去に同時にできる、或いはしている2つの動作、状態も表せます。

1 主語＋“又”＋動詞＋“了”（＋目的語）：また、もう一度

過去に動作が重複した、または、しなかったことを表します。否定形は“不”か“没”を“又”の後に置きます。“了”はいりません。未来の重複には使えません。

① 他昨天来了，今天又来了。Tā zuótiān lái le, jīntiān yòu lái le.
（彼は昨日来たし、今日また来た）

② 他昨天没吃，今天又不吃。不舒服吗？
Tā zuótiān méi chī, jīntiān yòu bù chī. Bù shūfu ma?
（彼は昨日食べなかったし、今日も食べない。具合でも悪いの？）

2 主語＋“又”＋“是”＋定期的な予定＋“了”：また…になる

未来の定期的な動作、日程、状態なら“又”が使えます。

③ 明天又是你的生日了。Míngtiān yòu shì nǐ de shēngrì le.
（明日またあなたの誕生日ですね）

④ 下周又是你发表了。Xià zhōu yòu shì nǐ fābiǎo le.
（来週また、あなたの発表ですね）

3 動詞＋"了"＋"又"＋動詞：また

同じ動作を何回も繰り返すことを強調する時に使います。2音節の動詞にはあまり使いません。

⑤ 这件衣服我洗了又洗，还是不干净。
Zhèi jiàn yīfu wǒ xǐle yòu xǐ, háishi bù gānjìng.
（この服は何回洗ってもきれいにならない）

⑥ 我看了又看，还是不明白。Wǒ kànle yòu kàn, háishi bù míngbai.
（何回見ても、やはりわからない）

4 "又"＋動詞句$_1$ / 形容詞句$_1$＋"又"＋動詞句$_2$ / 形容詞句$_2$…：…と同時に～する、…であり～である

同時に行う2つの動作や、同時に存在する2つの状態を表します。

⑦ 孩子们又唱歌又跳舞，非常高兴。
Háizimen yòu chàng gē yòu tiào wǔ, fēicháng gāoxìng.
（子供達は歌ったり、ダンスをしたりしていて、とても楽しんでいる）

⑧ 他又会骑摩托车，又会开车。
Tā yòu huì qí mótuōchē, yòu huì kāichē.
（彼はオートバイも乗れるし、車の運転もできる）

⑨ 她又可爱又开朗又常常笑，大家都很喜欢她。
Tā yòu kě'ài yòu kāilǎng yòu chángcháng xiào, dàjiā dōu hěn xǐhuan tā.
（彼女は可愛くて明るくていつも笑っているので、みんなはとても彼女のことが好きだ）

練　習

1．次の中国語を日本語に訳してください。

① 你怎么又不听话？　我说了多少次了。

② 广岛的夏天又热又潮湿。

③ 今天田中又缺席了。已经连续三天了。

④ 这张桌子我擦了又擦，还是不干净。

⑤ 下周二又是爸妈的结婚纪念日了。我们请他们吃饭吧。

2．次のピンインを中国語に直し、日本語に訳してください。

① Lǐ Wěi yòu yào dǎgōng, yòu yào xuéxí, fēicháng máng.

② Liú Jiàn jīntiān yòu chídào le, lǎoshī yòu pīpíng tā le.

③ Zhèige cài yòu xián yòu là yòu yóu, wǒ bù xǐhuan.

④ Wǒ xiǎngle yòu xiǎng, háishi bù míngbai.

⑤ Gāotián huì shuō Hànyǔ, yòu huì shuō Yīngyǔ､Fǎyǔ.

3．次の日本語を中国語に訳してください。

① 上田さんは今週も宿題を提出しなかった。

② 父は昨日また東京に出張した。

③ 今日出かける時に、またマスクをするのを忘れた。

④ 何回も探したが、やはりないよ。

⑤ 春はまたもうすぐ来るよ。桜もまた咲くよ。

4．次の誤文を正しく直してください。

① あと１週間で、またお正月ですね。

＊还有一个星期，再是新年了。

② 私はまた彼の名前を忘れた。

＊我再忘了他的名字。

③ 北京は寒くて乾燥している。

＊北京冷也干燥。

④ 昨日私はずっと待っていたが、彼はやはり来なかった。

＊昨天我等又等，他还是没来。

⑤ あそこは静かで、きれいで人も少ないよ。

＊那儿是安静也漂亮，人也少。

第63課

程度副詞“真”と“真的”

“真”は形容詞と副詞の用法があります。ここでは副詞の用法を学習します。副詞の“真”は“真的”とも言います。両方とも「本当に」の意味で、形容詞と「動詞（+“了／着／过”+目的語）」、状態補語（…“得”+形容詞）、短文を修飾できます。“真(的)好”、“他真(的)去了吗”、“他去得真(的)早”、“他真的不知道那件事”。単音節の形容詞は“真”を使うことが多いです。

しかし、「程度副詞+形容詞」「動詞+状態補語」「状態詞（時間、場所など）+動詞」を述語として使う時には、“真的”しか使えません。“真很好”、“他真去得早”、“他真十点去”とは言えません。“真的很好”、“他真的去得早”、“他真的十点去”と言います。

1 “真／真的”＋形容詞／「動詞(＋“了／着／过”＋目的語)」：本当に…

直接ほめたり批判したり、感嘆したり、ため息をつく時に使います。それ以外は“很”を使います。

① 真好！ 他真（的）来了。Zhēn hǎo! Tā zhēn (de) lái le.
（本当に良かった。彼は本当に来たね）

② 唉！ 我真（的）糊涂，那件事真（的）忘记了。
Ài! Wǒ zhēn (de) hútu, nèi jiàn shì zhēn (de) wàngjì le.
（ああ！私は本当に愚かだ、あの事を本当に忘れた）

2 主語＋動詞＋“得”＋“真／真的”＋形容詞

“真(的)”は状態補語「動詞+“得”+形容詞」の形容詞の前に置くと、感情的に動作を評価します。

③ 他演得真好。Tā yǎnde zhēn hǎo.
（彼はとてもうまく演じている）

④ 他汉语说得真（的）流利。Tā Hànyǔ shuōde zhēn (de) liúlì.
（彼の話す中国語は本当に流暢だ）

3 "真 / 真的" ＋短文：確かに、本当に

事実を述べたり、確認したりする時に使います。

⑤ 我真（的）不知道他有女朋友。
Wǒ zhēn (de) bù zhīdào tā yǒu nǚpéngyou.
（確かに私は彼にガールフレンドがいることを知らない）

⑥ 他真（的）要去美国工作啊?
Tā zhēn (de) yào qù Měiguó gōngzuò a?
（彼は本当にアメリカに仕事に行きたいの？）

4 "真" は使えず、"真的" しか使えない場合

4.1 単独で疑問文と返答の文として使う時

⑦ A：真的? Zhēn de?（本当に？）
B：真的。我没骗你。Zhēn de. Wǒ méi piàn nǐ.
（本当です、嘘ではない）

4.2 後ろに程度副詞がある時

⑧ 这个真的很贵。Zhèige zhēn de hěn guì.（これは本当に高い）
—— *这个真很贵。

⑨ 他真的非常忙。Tā zhēn de fēicháng máng.（彼は本当に忙しい）
—— *他真非常忙。

4.3 「動詞＋状態補語」の前に使う時

⑩ 她真的做得很好吃。Tā zhēn de zuòde hěn hǎochī.
（彼女は本当においしく作るのよ）

⑪ 他真的跑得很快。Tā zhēn de pǎode hěn kuài.
（彼は本当に走るのが速い）

4.4 「時間 / 場所などの状態詞＋動詞」の前に使う時

⑫ 他真的明天走吗？ Tā zhēn de míngtiān zǒu ma?
（彼は本当に明日行くの？）

⑬ 她真的一个人在美国旅游吗？
Tā zhēn de yí ge rén zài Měiguó lǚyóu ma?
（彼女は本当に１人でアメリカを旅行しているの？）

練　習

1．次の中国語を日本語に訳してください。

① 真的，那个地方真的太美了，你应该去看看。

② 唉，人活着，真难！

③ 他真的生气了，你别再说了。

④ 时间过得真快，我们毕业已经十年了。

⑤ 那个电视剧真的超有意思，你应该看看。

2．次のピンインを中国語に直し、日本語に訳してください。

① Shuō zhēn huà zhēn bù róngyì.

② Zhēn hǎo, nǐ xiěde zhēn hǎo.

③ Wǒ zhēn de méi piàn nǐ, nǐ kěyǐ qù wèn Lǐ lǎoshī.

④ Nǐ néng bāngzhù biéren zhēn liǎobuqǐ. Wǒ zhēn de hěn gāoxìng.

⑤ Zhēn de, wǒ jīntiān zhēn de fēicháng lèi, wǒ bù xiǎng qù.

3．次の日本語を中国語に訳してください。

① このことは本当におかしいと思う。

② 彼は本当の英雄だ。本当に彼を敬服する。

③ 田中さんの中国語は実にうまい。本当にすごい。

④ 私は本当にお金がないよ。本当に嘘ではない。

⑤ 今日は本当にとても暑い。本当に泳ぎに行きたい。

4．次の誤文を正しく直してください。

① 今日は本当に寒い。雪も本当にすごく降っている。

＊今天真很冷，雪也下得真的大。

② 私は本当に中国に留学に行きたい。

＊我真很想去中国留学。

③ 私は本当に郭先生が怖いので、本当に頑張って勉強した。

＊我真非常怕郭老师，所以真努力学习了。

④ このことは本当に面倒くさい。本当にやりたくない。

＊这件事真很麻烦，我真的不想做。

⑤ 広島の夏は実に暑くて湿度が高い。

＊广岛的夏天真很热，又很潮湿。

第64課

範囲副詞“只”と“只有”、“只是”

範囲副詞“只 zhǐ”は「…だけ、…しかない」の意味で、動詞を修飾します。“只看不说”(見るだけで言わない)。名詞と数量詞を修飾する時は“有”をつけて“只有 zhǐ yǒu”を使います。“只有他”“只有一个人”。状態を修飾する時は“是”をつけて“只是 zhǐ shì”を使います。“他只是不学习，不是不懂”(彼は勉強しないだけで、わからないのではない)。

1 “只”+「動詞(+目的語)」/「助動詞+動詞(+目的語)」：…だけする、しか…ない

① 她只吃菜，不吃肉。Tā zhǐ chī cài, bù chī ròu.
(彼女は野菜だけを食べ、肉を食べない)

② 我只会说汉语，不会说英语。
Wǒ zhǐ huì shuō Hànyǔ, bú huì shuō Yīngyǔ.
(私は中国語しか話せず、英語は話せない)

2 “只有”+名詞/数量詞(+動詞(+目的語)/形容詞)：…だけ

名詞と数量詞を限定する場合は“只有”を使います。

③ 现在只有他，没有别人。Xiànzài zhǐ yǒu tā, méiyǒu biéren.
(今は彼がいるだけで、他の人はいない)

④ 我们只有五分钟，快走。Wǒmen zhǐ yǒu wǔ fēnzhōng, kuài zǒu.
(私達は5分しかない、早く行こう)

⑤ 昨天只有三个人没来。Zuótiān zhǐ yǒu sān ge rén méi lái.
(昨日3人だけ来なかった)

⑥ 只有她吃牛肉，我们都不吃。
Zhǐ yǒu tā chī niúròu, wǒmen dōu bù chī.
（彼女だけが牛肉を食べる、私達はみんな食べない）

⑦ 只有那个地方不热。Zhǐ yǒu nèige dìfang bú rè.
（あそこだけは暑くない）

3 "只是"＋状態，…：…にすぎない、…だけだ

⑧ 她只是我的朋友，不是我的女朋友。
Tā zhǐ shì wǒ de péngyou, bú shì wǒ de nǚpéngyou.
（彼女は私の友人にすぎない、ガールフレンドではない）

⑨ 没事儿，我只是太累了，想休息一会儿。
Méi shìr, wǒ zhǐ shì tài lèi le, xiǎng xiūxi yíhuìr.
（大丈夫、私はただ疲れすぎなだけで、少し休みたい）

⑩ 那件事只是谣言，我们都不相信。
Nèi jiàn shì zhǐ shì yáoyán, wǒmen dōu bù xiāngxìn.
（あのことは噂にすぎない、私達はみんな信じない）

練　習

1．次の中国語を日本語に訳してください。

① 中山只喝茶，不喝咖啡，也不喝果汁。

② 那个问题只有王老师能解决。

③ 我现在不想学习，也不想看书，只想睡觉。

④ 那件事她已经知道了，只是不说。

⑤ 我只有星期天有空，其他天都很忙。

2．次のピンインを中国語に直し、日本語に訳してください。

① Shānzhōng zhǐ shì méiyǒu shíjiān, bú shì méiyǒu qián.

② Wǒmen bān zhǐ yǒu Xiǎochuān hé Xiǎodǎo qùguo Měiguó.

③ Zuótiān wǒ zhǐ xuéxíle Hànyǔ, méi xuéxí Yīngyǔ.

④ Nǐ zhǐ néng zài zhèr xiūxi, bù néng chōu yān.

⑤ Zhèige dōngxi zhǐ shì wǒ de yìdiǎnr xīnyì, qǐng bié kèqi.

3．次の日本語を中国語に訳してください。

① 昨日会議に参加した人はわずか 6 人だった。

② 今日の朝ごはんは私は牛乳 1 杯しか飲まなかった。

③ 山中さんは中国語を 2 年間だけ勉強した。

④ 彼は忙しいだけで、行きたくないのではない。

⑤ 日本と中国、韓国だけが箸を使っているのですか。

4．次の誤文を正しく直してください。

① 昨日は 1 人の外国人だけ少し中国語が話せた。

　＊昨天只是一个外国人会说一点儿汉语。

② 田中さんだけが知らず、私達はみんな知っている。

　＊只田中不知道，我们都知道。

③ 私達の先生は中国語しか話せず、日本語が話せない。

　＊我们的老师只汉语会说，日语不会说。

④ 彼は 18 歳でしかないから、酒を飲んではいけない。

　＊他只十八岁，不能喝酒。

⑤ 彼は日本料理だけ食べ、中国料理は食べない。

　＊他只有吃日本菜，不吃中国菜。

第 65 課

程度副詞“这么”“那么”

“这么 zhème” は「こんなに」「このように」、“那么 nàme”「そんなに」「そのように」「あんなに」「あのように」の意味で、形容詞と動詞の前に使います。日本語は相手のことについて言う時「そんなに」を使いますが、中国語は目の前のことなら、“这么”を使うのが普通です。

1 “这么 / 那么”＋形容詞：こんなに / そんなに / あんなに…

他の程度副詞と一緒に使えません。“这么很大”と言えません。

① 今天这么冷，你穿这么少，不冷吗?
Jīntiān zhème lěng, nǐ chuān zhème shǎo, bù lěng ma?
（今日はこんなに寒いのに、あなたはそんなに薄着で寒くないの？）

② 那天人那么多，你那么冷静，真了不起。
Nèi tiān rén nàme duō, nǐ nàme lěngjìng, zhēn liǎobuqǐ.（あの日はあんなに人が多かったのに、あなたはあんなに冷静で、本当にすごい）

2 “不 / 没”＋“这么 / 那么”＋形容詞：こんなに / そんなに / あんなに…ではない

否定の“不 / 没”は“这么 / 那么”の前に置きます。

③ 我觉得问题不这么简单。Wǒ juéde wèntí bú zhème jiǎndān.
（問題はこんなに簡単ではないと思う）

④ 以前他没那么认真。Yǐqián tā méi nàme rènzhēn.
（以前彼はそんなにまじめではなかった）

③ "这么 / 那么" + 動詞：このように / そのように / あのように…する / した

⑤ 这个菜这么做不好吃。Zhèige cài zhème zuò bù hǎochī.
（この料理はこのように作ったらおいしくない）

⑥ 他那么学习汉语不行，得多听多交流比较好。 Tā nàme xuéxí Hànyǔ bù xíng, děi duō tīng duō jiāoliú bǐjiào hǎo.（彼はあのように中国語を勉強したらだめです。たくさん聞いて、たくさん交流したほうがいい）

④ "不 / 没 / 别" + "这么 / 那么" + 動詞：このように / あのように…しない / しなかった / しないで

"不"は未来と意志の否定、"没"は過去と現在の否定、"别"は禁止です。

⑦ 这件事我不这么认为。Zhèi jiàn shì wǒ bú zhème rènwéi.
（このことは私はこのように思わない）

⑧ 他没那么信任你，你得小心。Tā méi nàme xìnrèn nǐ, nǐ děi xiǎoxīn.
（彼はそんなにあなたを信頼していない、気をつけなければ）

⑨ 你别这么生气好吗？ Nǐ bié zhème shēngqì hǎo ma?
（そんなに怒らなくてもいいでしょう）

⑤ "这么 / 那么" + 形容詞 / 動詞 + "的" + 名詞：こんなに / そんなに / あんなに / このように / そのように / あのように…の～

名詞を修飾する時は、名詞の前に必ず"的"が必要。

⑩ 这么做的蛋糕也很好吃。Zhème zuò de dàngāo yě hěn hǎochī.
（このように作ったケーキもとてもおいしい）

⑪ 我没看过那么傻的人。Wǒ méi kànguo nàme shǎ de rén.
（あんなバカな人を見たことがない）

練　習

1．次の中国語を日本語に訳してください。

① 这么贵的手机你也买。

② 那么重要的问题一天就解决了吗？

③ 我没那么说他，你别误会。

④ 这不公平，我绝对不这么做。

⑤ 那个工作这么复杂，我不敢接受。

2．次のピンインを中国語に直し、日本語に訳してください。

① Zhème yǒu yìsi de shū, nǐ zěnme bú kàn?

② Jīntiān yǒu shénme hǎo shì? Zhème kāixīn.

③ Nà shíhou, wǒ méi nàme lèguān, xiànzài wǒ hěn lèguān le.

④ Nǐ zhème cōngmíng, zhème kě'ài, dāngrán dàjiā dōu xǐhuan nǐ.

⑤ Wèi shénme nǐ hái zhème shǎ, zhème xiāngxìn nèige rén?

3．次の日本語を中国語に訳してください。

① お金と地位はそんなに重要ですか。

② あなたはこんなに彼を信じてはいけない。

③ こんなに簡単な道理を彼はわからないはずはない。

④ あんなに難しい問題を彼はどうやって解決したの？

⑤ 今日のお客さんはそんなに多くないので、そんなに忙しくなかった。

4．次の誤文を正しく直してください。

① 中国語はこんなに易しくない。

＊汉语这么不容易。

② あんなに多くの人、何かあったの？

＊那么很多人，什么事?

③ 私はそんなにバカではない。

＊我那么不笨。

④ 中国の空気はそんなに悪くない。

＊中国的空气那么不差。

⑤ 彼があのように言ったので、私は怒った。

＊因为他说那么，我生气了。

第 66 課

時間副詞“已经”

“已经 yǐjīng”は時間副詞で、文末の“了 le”と一緒に使い、“已经…了”で「すでに…した / なった」という意味で、すでに行った動作、状態を示します。否定形は動作、状態の変化を表します。

1 “已经”(＋助動詞)＋動詞(＋目的語)＋“了”:すでに…をした

① 他已经吃晚饭了。Tā yǐjīng chī wǎnfàn le.
(彼はすでに晩ごはんを食べた)

② 我十多年没开车，已经不会开了。
Wǒ shí duō nián méi kāi chē, yǐjīng bú huì kāi le.
(私は十何年も運転していないので、もう運転できなくなった)

2 “已经”＋形容詞＋“了”:すでに…になった

一般形容詞は“不”で、「“有”形容詞」は“没”で否定します。

③ 天已经冷了。Tiān yǐjīng lěng le.(もう寒くなった)

④ 那个演员已经没有人气了。Nèige yǎnyuán yǐjīng méiyǒu rénqì le.
(あの俳優はすでに人気がなくなった)

3 “已经”＋時間・年齢名詞＋“了”:すでに…になった

肯定は“是”がいりませんが、つけると強調の言い方になります。否定は“不是”で、省略できません。

⑤ 已经十二月了。Yǐjīng shí’èr yuè le.(もう 12 月になった)

⑥ 他已经不是十八岁了。Tā yǐjīng bú shì shíbā suì le.
(彼はすでに 18 歳ではなくなった)

4 “已经”＋“是”＋身分名詞＋“了”：すでに…になった

身分名詞の前に肯定は“是”、否定は“不是”が必要です。

⑦ 他已经是经理了。Tā yǐjīng shì jīnglǐ le.（彼はもう社長になった）

⑧ 他已经不是大学生了。Tā yǐjīng bú shì dàxuéshēng le.
（彼はもう大学生ではなくなった）

練　習

1．次の中国語を日本語に訳してください。

① 房间我已经打扫了。

② 他的孩子已经会爬了。

③ 我已经瘦了五公斤了。

④ 时间已经到了，我们下课吧。

⑤ 你已经不是小学生了，自己做吧。

2．次のピンインを中国語に直し、日本語に訳してください。

① Tā yǐjīng shíbā suì le, shì chéngniánrén le.

② Yǐjīng hěn nuǎnhuo le, yīnghuā yǐjīng kāi le.

③ Xiǎotián yǐjīng bú shì èr niánjí de xuésheng le.

④ Lǐ Míng yǐjīng jiǎnféi le, xiànzài yǐjīng bú pàng le.

⑤ Wáng lǎoshī bìng yǐjīng hǎo le, yǐjīng chūyuàn le.

3．次の日本語を中国語に訳してください。

① 田中さんはもう来ているよ。あそこであなたを待っている。

② もうあなたにメールを送りましたよ。届いていませんか。

③ 私達はもうすでに知り合っているよ。紹介する必要はないよ。

④ このパソコンはもう高くなくなった。多分５万円で買える。

⑤ 山下さんは今年の４月、もう会長ではなくなったよ。

4．次の誤文を正しく直してください。

① 中田さんはもうキャプテンになった。

＊中田已经队长了。

② もう秋ですが、まだこんなに暑い。

＊已经秋天，还那么热。

③ もう時間です。行きましょう。

＊已经时间了，我们走吧。

④ オンライン授業はすでに普及している。

＊网课已经在普及。

⑤ 彼の風邪はもう治ったよ。もう会社に行っている。

＊他的感冒已经好，已经去上班了。

第67課

時間副詞“快…了”

“快 kuài”は形容詞で、動詞の前に使うと副詞の「はやく」になりますが、“快…了”は過去の動作ではなく、「もうすぐ…になる」の意味です。否定はありません。

1 “快”（＋助動詞）＋動詞（＋目的語）＋“了”：もうすぐ…する、…しそうである

① 快下雨了。Kuài xià yǔ le.（雨が降りそうだ）

② 雨快停了。Yǔ kuài tíng le.（雨はもうすぐ止む）

2 “快”＋形容詞＋“了”：もうすぐ…なる

③ 天快黑了。Tiān kuài hēi le.（もうすぐ暗くなる）

④ 天快亮了。Tiān kuài liàng le.（もうすぐ夜が明ける）

3 “快”＋時間・年齢名詞＋“了”：もうすぐ…になる

⑤ 快九点了。Kuài jiǔ diǎn le.（もうすぐ9時になる）

⑥ 我奶奶快八十岁了。Wǒ nǎinai kuài bāshí suì le.
（おばあちゃんはもうすぐ80歳になる）

4 “快”＋“是”＋身分名詞＋“了”：もうすぐ…になる

⑦ 他快是大学生了。Tā kuài shì dàxuéshēng le.
（彼はもうすぐ大学生になる）

⑧ 她快是李康的老婆了。Tā kuài shì Lǐ Kāng de lǎopo le.
（彼女はもうすぐ李康さんの奥さんになる）

練　習

1．次の中国語を日本語に訳してください。

① 爸爸快回来了，晚饭已经好了吗？

② 听说房租快涨了，我的工资还没涨。

③ 经理他们的会议快结束了，请您再等一会儿。

④ 时间过得真快，快新年了。

⑤ 你快是公司职员了，不能再染头发了。

2．次のピンインを中国語に直し、日本語に訳してください。

① Nǐ kuài shíbā suì le, zài guò yí ge yuè jiù shì chéngniánrén le.

② Zhè jǐ tiān hěn nuǎnhuo, yīnghuā kuài kāi le ba.

③ Kuài xià xuě le, wǒmen kuài huíqu ba.

④ Wáng Míng kuài shì Lǐ Yīng de lǎogōng le.

⑤ Jīntiān zǎoshang shài de yīfu kuài gān le.

3．次の日本語を中国語に訳してください。

① 田中先生はもうすぐ定年退職です。

② 日本円はもうすぐ上がると思います。あなたはどう思う？

③ 私達はもうすぐ会えるよ。本当にうれしいです。

④ もうすぐ4月なのに、まだこんなに寒い。

⑤ 彼のおじいちゃんはもうすぐ80歳だが、まだ働いているよ。

4．次の誤文を正しく直してください。

① 上田さんはもうすぐ日本に帰って来る。

＊上田很快回日本了。

② もうすぐ秋ですが、まだこんなに暑い。

＊快秋天，还那么热。

③ もうすぐ9時ですよ。早く起きなさい。

＊快九点，你快起床了。

④ もうすぐ時間です。早く提出してください。

＊快时间了，快交作业吧。

⑤ 私の風邪はもうすぐ治るよ。もうすぐ会えるよ。

＊我的感冒快好，快能见面。

第68課

程度副詞“有点儿”と数量詞“一点儿”

副詞の“有点儿 yǒudiǎnr”も、不定数量詞の“一点儿 yìdiǎnr”も「ちょっと」の意味ですが、“有点儿”は病気など望ましくない形容詞か動詞の前に置き、不満や不快の意味を表します。“一点儿”は形容詞の後に置き、申し出やお願いと比較の意味を表します。

1 “有点儿”＋望ましくない形容詞／病気の言葉／感情動詞

1.1 “有点儿”＋望ましくない形容詞

形容詞の否定形も使えます。

① 这个智能手机有点儿贵。Zhèige zhìnéng shǒujī yǒudiǎnr guì.
（このスマホはちょっと高い）

② 那个地方有点儿不方便。Nèige dìfang yǒudiǎnr bù fāngbiàn.
（あそこはちょっと不便だ）

1.2 “有点儿”＋病気の形容詞か動詞

③ 我的腰有点儿疼。Wǒ de yāo yǒudiǎnr téng.（私はちょっと腰が痛い）

④ 今天他好像有点儿感冒。Jīntiān tā hǎoxiàng yǒudiǎnr gǎnmào.
（今日彼はちょっと風邪をひいているみたいだ）

1.3 “有点儿”＋感情動詞

望ましくても望ましくなくても使えます。

⑤ 我有点儿担心。Wǒ yǒudiǎnr dānxīn.（ちょっと心配です）

⑥ 她好像有点儿喜欢李伟。Tā hǎoxiàng yǒudiǎnr xǐhuan Lǐ Wěi.
（彼女はちょっと李偉さんが好きなようだ）

2 形容詞＋“一点儿”

主な用法はお願いと申し出、比較です。

2.1 お願い、催促

“一点儿”の“一”はよく省略します。

⑦ 便宜（一）点儿行吗？ Piányi (yì)diǎnr xíng ma?
（少し安くしてくれませんか）

⑧ 你快（一）点儿吃，来不及了。Nǐ kuài (yì)diǎnr chī, láibují le.
（早く食べなさい。もう間に合わないよ）

2.2 提案、申し出

⑨ 我们明天晚（一）点儿去，好吗？
Wǒmen míngtiān wǎn (yì)diǎnr qù, hǎo ma?
（私達は明日少し遅く行ってもいいですか）

⑩ 我尽量早（一）点儿去见她。Wǒ jǐnliàng zǎo (yì)diǎnr qù jiàn tā.
（私はなるべく早めに彼女に会いに行く）

2.3 比較

⑪ 昨天很热，今天凉快（一）点儿。
Zuótiān hěn rè, jīntiān liángkuai (yì)diǎnr.
（昨日は暑かった。今日は少し涼しい）

⑫ 这个颜色比那个颜色好看（一）点儿。
Zhèige yánsè bǐ nèige yánsè hǎokàn (yì)diǎnr.
（この色はあの色よりちょっときれいだ）

練　習

1．次の中国語を日本語に訳してください。

① 这个问题有点儿头疼，不好处理。

② 这儿天他好像有点儿不开心，有什么事吗?

③ 情况好像有点儿不妙，你得小心。

④ 那个电脑不便宜，这个便宜一点儿。

⑤ 你是不是有点儿怕?　别怕，勇敢一点儿，大胆地说。

2．次のピンインを中国語に直し、日本語に訳してください。

① Chīle zhèige yào, wǒ dùzi hǎo yìdiǎnr le.

② Wǒ hǎoxiàng yǒudiǎnr gǎnmào le.

③ Zhèige ruǎnjiàn yǒudiǎnr bù ānquán, nǐ bié xiàzài.

④ Wǒ juéde Tiánzhōng jīntiān yǒudiǎnr qíguài.

⑤ Nǐ míngtiān néng bu néng zǎo diǎnr lái xuéxiào.

3．次の日本語を中国語に訳してください。

① あの子はちょっと恥ずかしがっている。

② ちょっとお腹が空いた。ごはんを食べに行こうか？

③ あそこはちょっと危ないので、行かないでください。

④ 彼女はちょっと焦っているよ。早く助けてあげて。

⑤ ちょっと気分が悪いので、少し早く帰ってもいいですか。

4．次の誤文を正しく直してください。

① 私は少し中国語を話せる。

＊我有点儿会说汉语。

② 最近野菜は少し高くなった。

＊最近蔬菜一点儿贵了。

③ あれは少し安いので、うれしいです。

＊那个有点儿便宜，我很高兴。

④ 私は少し彼が好きです。

＊我一点儿喜欢他。

⑤ 私はネットでの買い物が少し怖い。

＊我一点儿害怕在网上买东西。

第 69 課

“刚”、“刚刚”と“刚才”

“刚 gāng” と “刚刚 gānggāng” は動詞と介詞構造を修飾する時間副詞（…したばかり）と、数量詞を修飾する範囲副詞（…になったばかり、ちょうど）です。“刚才 gāngcái” は時間詞で、「先程、さっき」という意味です。

1 主語＋“刚 / 刚刚”＋動詞（＋目的語）/ 介詞構造：…したばかり

1.1 主語＋時間副詞“刚 / 刚刚”＋動詞（＋目的語）/ 介詞構造

“刚” と “刚刚” はほとんど同じですが、“刚刚” の方が強い言い方で、間隔も “刚” より短いです。

① 他刚（／刚刚）来日本的时候不会说日语。
Tā gāng (/gānggāng) lái Rìběn de shíhou bú huì shuō Rìyǔ.
（彼は日本に来たばかりの時、日本語が話せなかった）

② 你刚刚打针，别乱动。Nǐ gānggāng dǎzhēn, bié luàn dòng.
（あなたは注射したばかりなので、むやみに動かないで）

③ 你上午刚打针，现在能洗澡吗？
Nǐ shàngwǔ gāng dǎzhēn, xiànzài néng xǐzǎo ma?（あなたは午前中に注射したばかりなのに、今お風呂に入ってもいいのですか）

④ 他刚（／刚刚）给你打电话，你没接吗？
Tā gāng (/gānggāng) gěi nǐ dǎ diànhuà, nǐ méi jiē ma?
（彼はあなたに電話をかけたばかりだよ、出なかったのですか）

1.2 主語＋範囲副詞“刚 / 刚刚”＋数量詞

“刚” は数が少ないことを表し（…になったばかり）、“刚刚” は数が「ちょうど」の意味です。

⑤ 他工作刚两年，没什么经验。

Tā gōngzuò gāng liǎng nián, méi shénme jīngyàn.

（彼は就職して２年になったばかりなので、あまり経験がない）

⑥ 他工作刚刚两年，可以申请这项奖金。

Tā gōngzuò gānggāng liǎng nián, kěyǐ shēnqǐng zhèi xiàng jiǎngjīn.

（彼は就職してちょうど２年になったので、この奨励金を申し込める）

2 主語＋"刚刚"＋"才"＋動詞（＋目的語）/ 介詞構造

"刚刚"は副詞"才"（たった今）と一緒に使えますが、"刚"は使えません。一緒に使うと時間詞"刚才"（先ほど）になります。

⑦ 我刚刚才说了。Wǒ gānggāng cái shuō le.

（私はたった今言ったばかりだ）

⑧ 我刚刚才给他打电话。Wǒ gānggāng cái gěi tā dǎ diànhuà.

（私はたった今彼に電話をしたばかりだ）

⑨ 我刚才说了。Wǒ gāngcái shuō le.（私は先ほど言った）

⑩ 我刚才给他发微信了。Wǒ gāngcái gěi tā fā wēixìn le.

（私は先ほど彼に WeChat を送った）

3 主語＋"刚"＋"一"＋動詞（＋目的語）＋"就"…

"刚"は"一…就"と一緒に使えますが、"刚刚"は使えません。

⑪ 他刚一走，你就来了。Tā gāng yì zǒu, nǐ jiù lái le.

（彼が行ったところに、あなたが来た）

＊他刚刚一走，你就来了。

⑫ 我刚一说，他就生气了。Wǒ gāng yì shuō, tā jiù shēngqì le.

（私が言うと、彼はすぐ怒った）

＊我刚刚一说，他就生气了。

④ 主語＋“刚才”＋動詞（＋目的語）
“刚才”＋主語＋介詞構造＋動詞（＋目的語）

時間詞の“刚才”は主語の前にも後にも置けます。肯定文、否定文ともに使えます。

⑬ 我刚才问他了。Wǒ gāngcái wèn tā le.（さっき彼に聞いた）

⑭ 刚才她在这儿休息。Gāngcái tā zài zhèr xiūxi.
（さっき彼女はここで休んでいた）

練　習

1．次の中国語を日本語に訳してください。

① 我刚从北京回来，不知道这件事。

② 他们刚结婚，还没好好儿渡蜜月呢。

③ 我刚到家，什么事?

④ 他来了刚三天就走了。

⑤ 我刚才给他打电话了，他没接，可能在开会。

2．次のピンインを中国語に直し、日本語に訳してください。

① Gānggāng wǔ ge, bù duō yě bù shǎo.

② Wǒmen gāng shuō Lǐ Jiàn de shì, Lǐ Jiàn jiù lái le.

③ Dàxià gāngcái zài nàr kàn shū ne. Xiànzài kěnéng shàng cèsuǒ ba.

④ Wǒ gāng xiàbān, mǎshàng dǎdī qù, nǐ děng yíhuìr.

⑤ Nǐ de bìng gāng hǎo, bié chī yóunì de dōngxi.

3．次の日本語を中国語に訳してください。

①食事をしたばかりだから、激しい運動はしないで。

②私の点数はちょうど60点で、合格したよ。ラッキー！

③彼らは就職したばかりで、まだ社会経験が浅い。

④先週買ったばかりのケータイをすぐなくしてしまった。

⑤先ほど彼はコンビニで買い物をした。

4．次の誤文を正しく直してください。

① 彼は中国に行ったばかりの時、中国語が話せなった。

＊他刚才去中国的时候，不会说汉语。

② 作ったばかりなので、料理はまだ温かいよ。

＊刚才做的，菜还温。

③ 私は去年大学を卒業したばかりです。

＊我去年刚刚毕业大学。

④ 昨日習ったばかりの文法を忘れちゃった。

＊昨天刚才学的语法都忘了。

⑤ 私はさっきパン屋でパンを買った。

＊我刚刚在面包店买面包。

第70課

副詞“多”“少”“好”“难”

一般の形容詞は重ね型しか副詞になれませんが、一部の単音節の形容詞“多 duō”“少 shǎo”“好 hǎo”“难 nán”は“多听”、“少说”、“好学”、“难做”のように副詞になれます。

1 “多”＋動詞 / 介詞構造：たくさん…、多めに…

アドバイスとお願いの時に使います。否定形は“不多”。“很”と一緒に使えません。

① 学习外语要多听、多念、多说、多写。 Xuéxí wàiyǔ yào duō tīng、duō niàn、duō shuō、duō xiě.（外国語を学ぶにはたくさん聞き、たくさん音読し、たくさん話し、たくさん書くことが必要だ）

② 请你多给我一点儿吧。Qǐng nǐ duō gěi wǒ yìdiǎnr ba.
（少し多めにください）

③ 我不多说了，你自己多想想。
Wǒ bù duō shuō le, nǐ zìjǐ duō xiǎngxiang.
（もうこれ以上言わないから、自分でよく考えて）

2 “少”＋動詞 / 介詞構造：少なめに…

アドバイスをする時によく使います。否定形がありません。“很”と一緒に使うと副詞の“很少”（めったに…ない）になります。

④ 少吃多走，少说多听比较好。
Shǎo chī duō zǒu, shǎo shuō duō tīng bǐjiào hǎo.
（少なめに食べて、たくさん歩き、あまり話さず、たくさん聞くのがいい）

⑤ 你少在这儿啰嗦。Nǐ shǎo zài zhèr luōsuo.
（ここでごちゃごちゃ言わないでください）

⑥ 广岛很少下雪。Guǎngdǎo hěn shǎo xià xuě.
（広島はめったに雪が降らない）

3 "好" ＋動詞／介詞構造：…しやすい

程度副詞 "很" "非常" などと一緒に使えます。否定形は「"不好"＋動詞／介詞構造」。

⑦ 汉语好学，英语不好学。Hànyǔ hǎo xué, Yīngyǔ bù hǎo xué.
（中国語は勉強しやすく、英語は勉強しにくい）

⑧ 这个洗衣机很好用。Zhèige xǐyījī hěn hǎo yòng.
（この洗濯機はとても使いやすい）

4 "难" ＋動詞／介詞構造：…しにくい

肯定形は "很" "非常" などと一緒に使えます。否定形は「"不难"＋動詞／介詞構造」。

⑨ 这个问题不难解决，那个问题很难解决。
Zhèige wèntí bù nán jiějué, nèige wèntí hěn nán jiějué.
（この問題は解決するのは難しくないが、あの問題は難しい）

⑩ 这个菜一点儿也不难做。Zhèige cài yìdiǎnr yě bù nán zuò.
（この料理を作るのは少しも難しくない）

練　習

1．次の中国語を日本語に訳してください。

① 人生有很多问题不好理解，你别多想了。

② 我觉得微信比 LINE 好用，你觉得呢？

③ 你少跟他们一起玩儿，有时间多学习。

④ 那条路难走，这条路比较好走。

⑤ 有些人很好相处，有些人难相处。

2．次のピンインを中国語に直し、日本語に訳してください。

① Nǐ shǎo pīpíng háizi, yīnggāi duō biǎoyáng.

② Nǐ bié duō shuō le, wǒ míngbai le.

③ Hǎo rén nán zuò, píngfán rén yě bù hǎo zuò.

④ Shǎo chōu yān, duō yùndòng, shēntǐ yídìng huì hǎo de.

⑤ Zhèi zhǒng yuánzhūbǐ bù hǎo xiě, nèi zhǒng hǎo xiě.

3．次の日本語を中国語に訳してください。

① 以前使ったケータイは使いにくかったが、今のは使いやすい。

② 肉を少なめに、野菜をたくさん食べれば、身体にいい。

③ この新製品は売りやすいですか。

④ この事は彼はわかりにくいと思う。

⑤ 今はなるべく出かけず、家で体をよく鍛えるのがよい。

4．次の誤文を正しく直してください。

① 私はたくさん中国語を話したい。

＊我要很多说汉语。

② 彼は中国語は勉強しやすいと思う。

＊他觉得汉语学好。

③ この仕事はやりにくい。

＊这个工作做很难。

④ 私はあまりしゃべらず、たくさん聞くようにしたい。

＊我要说得少，听得多。

⑤ 私達はたくさん質問をしなければならない。

＊我们要问多问题。

第71課

副詞“快”“慢”“早”“晚”

形容詞の“快 kuài”(速い)、“慢 màn”(ゆっくり)、“早 zǎo”(早い)、“晚 wǎn”(遅い)も動詞を修飾する副詞になれます。“快吃”(早く食べて)、“慢走”(気をつけて)、“早来”(早く来て)、“晚来”(遅く来て)は命令やアドバイスになります。申し出やていねいにお願いする時は“点儿”(少し)をつけます。

1 “快”

1.1 “快”+動詞/介詞構造:早く…しなさい

① 快睡，不早了。Kuài shuì, bù zǎo le.
(早く寝なさい、もう遅いよ)

② 你快给她打电话。Nǐ kuài gěi tā dǎ diànhuà.
(早く彼女に電話をしなさい)

1.2 “快点儿”+動詞/介詞構造:早く…してください、…します

相手にやさしくアドバイス、催促する時に使います。

③ 快点儿睡吧，别想了。Kuài diǎnr shuì ba, bié xiǎng le.
(早く寝てください、もう考えないで)

④ 你快点儿给她打电话吧，她一定很高兴。
Nǐ kuài diǎnr gěi tā dǎ diànhuà ba, tā yídìng hěn gāoxìng.
(早く彼女に電話してあげて、きっとうれしいよ)

2 "慢"

"慢"は単独ではほとんどの動詞を修飾できません。できるのは"慢走"(挨拶用語の「気をつけて」)だけです。動詞を修飾するには、重ね型の"慢慢(儿)"か"慢点儿"を使います。

2.1 "慢慢儿"＋動詞／介詞構造：ゆっくり…しなさい、…します

⑤ 你们慢慢儿学习吧。Nǐmen mànmānr xuéxí ba.
(あなた達はゆっくり勉強してください)

⑥ 我们慢慢儿从这儿走。Wǒmen mànmānr cóng zhèr zǒu.
(私達はゆっくりここから歩こう)

2.2 "慢点儿"＋動詞／介詞構造：ゆっくり…してください、…します

申し出とお願いする時に"慢点儿"を使います。

⑦ 我慢点儿说。Wǒ màn diǎnr shuō.(私はゆっくり話します)

⑧ 你慢点儿跟他说吧。Nǐ màn diǎnr gēn tā shuō ba.
(ゆっくり彼に話してください)

3 "早"

3.1 "早"＋動詞／形容詞／介詞構造：早く…しなさい

"早"の前に、程度副詞の"很"をつけることもできます。

⑨ 这件事早做早好。Zhèi jiàn shì zǎo zuò zǎo hǎo.
(このことは早くすればするほどよい)

⑩ 下次你早给他打电话。Xià cì nǐ zǎo gěi tā dǎ diànhuà.
(今度は早めに彼に電話して)

3.2 “早点儿”＋動詞／介詞構造：早く…してください、…します

申し出やお願いは“早”ではなく、“早点儿”を使います。

⑪ 明天我早点儿来。Míngtiān wǒ zǎo diǎnr lái.
（明日私は少し早めに来る）

⑫ 你早点儿给她发微信。Nǐ zǎo diǎnr gěi tā fā wēixìn.
（早めに彼女に WeChat を送って）

4 “晚”

4.1 “晚／很晚”＋動詞：遅く…する

“晚”だけで動詞を修飾することはあまりありません。慣用表現（“晚睡”“晚起”など）だけです。“很晚”のほうが副詞として動詞を修飾できますが、形容詞と介詞構造には使えません。

⑬ 他已经习惯晚睡晚起了。Tā yǐjīng xíguàn wǎn shuì wǎn qǐ le.
（彼はすでに遅く寝て遅く起きることに慣れた）

⑭ 他每天都很晚起床。Tā měitiān dōu hěn wǎn qǐchuáng.
（彼は毎日起きるのが遅い）

4.2 “晚点儿”＋動詞／介詞構造：少し遅く…する／してください

申し出とお願いは“晚”ではなく、“晚点儿”を使います。

⑮ 我明天晚点儿去上班。Wǒ míngtiān wǎn diǎnr qù shàngbān.
（明日私は少し遅く出勤します）

⑯ 你今天晚点儿睡行吗？ Nǐ jīntiān wǎn diǎnr shuì xíng ma?
（あなたは今日少し遅く寝るのは大丈夫ですか）

練　習

1．次の中国語を日本語に訳してください。

① 早睡早起身体好，晚睡晚起身体垮。

② 早来的人有奖品，晚来的人要罚站。

③ 明天我得早点儿去上班，你早点儿叫我起床。

④ 快跑，还有五分钟，可能来得及。

⑤ 别急，慢慢儿想办法吧。

2．次のピンインを中国語に直し、日本語に訳してください。

① Nǐ kuài shuō, dàodǐ fāshēngle shénme shì?

② Lǐ yéye mànmānr de gěi wǒmen dàjiā jiěshì.

③ Nǐ wèi shénme bù zǎo gàosu wǒmen?

④ Jīntiān wǒ néng zǎo diǎnr huí jiā ma?

⑤ Gāoqiáo měitiān dōu hěn zǎo chūmén, hěn wǎn huílai.

3．次の日本語を中国語に訳してください。

① もう遅いから、早く荷物を片付けて、早く寝なさい。

② この問題はゆっくり考えてください。

③ 宿題は早く提出するのと、遅く提出するのは同じではない。

④ 彼の病気が早く回復するように願っています。

⑤ あなたは早く病院に検査しに行かなければならない。

4．次の誤文を正しく直してください。

① 私は今日遅めに出勤します。

＊我今天要晚去上班。

② 明日早めに買い物に行ってください。

＊明天你早去买东西。

③ 早くワクチンを接種したいです。

＊我想快接种疫苗。

④ あなたはゆっくりここで休んでください。

＊你慢在这儿休息一会儿。

⑤ 今日の交流会は、少し遅れてもいいですか。

＊今天的交流会，我一点儿晚出席可以吗？

解答例

第１课

１．①彼は以前あなた達の先生でしたか。

②来週の土曜日は28日ですか。

③彼女は東京の出身ではなく、広島の出身です。

④これは韓国料理で、中国料理ではない。

⑤あなたは彼のお兄さんではないの？

２．①我不是他（/她）弟弟。（私は彼（/彼女）の弟ではない）

②这个不是田中的手机吗?（これは田中さんのケータイではないの？）

③您是他们（/她们）的汉语老师吗?

（あなたは彼ら（/彼女達）の中国語の先生ですか）

④那个茶是乌龙茶，不是茉莉花茶。

（あれはウーロン茶で、ジャスミン茶ではない）

⑤这个菜不是我做的，是我买的。

（この料理は私が作ったものではなく、買ったものです）

３．①那个不是北京菜吗?

②他们不是美国人。

③李老师是汉语老师吗?

④今天是星期二，不是星期三。

⑤这个手机是谁的?

４．①这个菜很好吃。

②昨天是星期二。

③这是谁的书?

④这个饺子不是我妈妈做的。

⑤今天下雨。

第２课

１．①彼は中国語の先生が２人いる。

②あなた達は明日、用事がありますか。

③あなたは月曜日に仕事がないの？

④すみません、この近くにはスーパーがありますか。

⑤この教室は Wi-Fi がないですが、あの教室はあります。

2．①我没有弟弟，你有吗？（私は弟がいない。あなたはいますか）

②那儿有便利店吗？（そこはコンビニがありますか）

③他（/ 她）有两个美国朋友。

（彼（/ 彼女）はアメリカ人の友達が 2 人います）

④他们（/ 她们）大学有很多中国留学生。

（彼ら（/ 彼女達）の大学に多くの中国人の留学生がいる）

⑤明天是星期六，你没有时间吗？

（明日は土曜日なのに、時間がないの？）

3．①那儿有图书馆吗？

②他没有姐姐，我有。

③你有中国的手机吗？

④那个车站有停车场，这个车站没有。

⑤我今天没有学习的时间。

4．①他有一台电脑。

②昨天他们有汉语课。

③那儿有一个（/ 很多）留学生。（数量詞がいる）

④现在没有问题。

⑤他没有书包。（否定は数量詞をつけられない）

第３课

1．①お父さんは今いらっしゃいますか。

②昨日あそこで買い物をしなかった。

③中山さんは今、図書館でインターネットをしている。

④彼は勉強していない。彼は漫画を読んでいる。

⑤あの教室の鍵はここにない。

2．①你在哪儿？王老师在图书馆等你。（あなたはどこにいるの？王先生は図書館であなたを待っているよ）

②那个便利店不在车站旁边儿，在里边儿。

（あのコンビニは駅のそばではなく、中にある）
③他们（/她们）去年没在北京工作。
（彼ら（/彼女達）は昨年、北京で仕事をしていなかった）
④那些人在那儿做什么？（あの人達はあそこで何をしているの？）
⑤我哥哥在看书，我在看电视。
（兄は本を読んでいるが、私はテレビを見ている）

3．①我姐姐现在在美国留学。
②他现在在哪儿学习汉语？
③李老师没在大学教英语。
④他们在踢足球。
⑤你现在没（/不）在公司吗？

4．①现在他没在图书馆学习。
②昨天他们没在这儿。
③我在超市打工。
④我们在这儿等他吧。
⑤我在我家附近散步。

第4课

1．①紅茶を2つ、ケーキを1つください。
②コーヒーに砂糖とミルクがいりますか。
③人生でもっとも重要なのは感謝することです。
④先生は私達に毎日日記を書いてほしい。
⑤外国語を学ぶには、たくさん話さなければならない。

2．①他（/她）今年暑假要去北京旅游。
（彼（/彼女）は今年の夏休みに北京に旅行に行きたい）
②今天你要吃什么菜？
（今日あなたはどんな料理を食べたいですか）
③我们的老师要我们做很多作业。
（私達の先生は私達にたくさん宿題をしてほしい）
④这个方法要改，不改不好。

（この方法は直さなければならない。直さないとよくない）

⑤你要做什么你自己决定。

（あなたは何をしたいか、自分で決めてください）

3．①我们要谦虚，不要骄傲。

②你的病要去医院检查。

③大家要学习自己国家的历史。

④对不起，我累了，我要休息。

⑤我要红的，不要蓝的。

4．①去加拿大旅游要很多钱。

②我今年要考中国语检定四级。

③我下个月要去中国出差。

④我不去游泳。

⑤明天我要六点起床。

第5课

1．①あなたは彼にどんな誕生日プレゼントをあげるつもりですか。

②父は毎月3万円くれる。

③すみません、ご迷惑をおかけしました。

④彼は留学生にたくさんのお金を寄付した。

⑤あの日本人は中国人にとてもいい印象を与えた。

2．①我妈妈给我做了很多好吃的菜。

（母は私にたくさんのおいしい料理を作ってくれた）

②你昨天没给他（/她）发邮件吗?

（あなたは昨日彼（/彼女）にメールを送らなかったの？）

③他（/她）的钱包给人偷了。

（彼（/彼女）は財布を誰かに盗まれた）

④我不给你这个，我给你那个。

（私はあなたにこれではなく、あれをあげる）

⑤那件衣服是我姐姐给他（/她）做的。

（あの服は姉が彼（/彼女）に作ってあげたのです）

3．①他们给村里的人做了很多好事。

②你昨天给他发 LINE 了吗?

③爸爸，给我五千日元吧。

④大自然给我们很多恩惠。

⑤田中给老师批评了。

4．①我不给他钱。

②郭老师常常给我们很多作业。

③今天晚上我给你打电话。

④邮递员每天给我们送信来。

⑤昨天他没给我发邮件。

第6课

1．①作文はとても難しいが、とても大切だと思う。

②今日の交流会を彼はどう思いますか。

③みんなはとても面白いと思うが、あなたは？

④今回の感染状況は完全に収まったとは思いません。

⑤彼は結婚していると思いますか。

2．①我觉得王英的日语很不错。

（王英さんの日本語はとてもうまいと思う）

②你不觉得他（/ 她）有问题吗?

（彼（/ 彼女）がおかしいと思わないの？）

③他（/ 她）觉得东京的冬天不冷，你觉得呢?（彼（/ 彼女）は東京の冬は寒くないと思うが、あなたはどう思いますか）

④我们都觉得李老师的课很有意思。

（私達はみんな李先生の授業はとても面白いと思う）

⑤我觉得学习汉语将来一定有用。

（中国語を習うことは将来きっと役に立つと思う）

3．①我觉得中日友好很重要。

②今天最高气温是零度，你不觉得冷吗?

③我觉得他有女朋友，你觉得呢?

④我觉得你不去比较好。

⑤他不舒服。我觉得他感冒了。

4．①我不觉得他没有钱。

②我觉得那个老师是好老师。

③我不觉得钱最重要，你呢?

④我觉得家庭教育的影响很大，你觉得呢?

⑤我觉得那些外国人是韩国人。

第７课

1．①去年彼は留学に行かなかったし、今年も行かない。

②彼女は肉を食べない。以前も食べなかったし、今も食べない。

③勉強は大切だし、運動も大切だ。

④あのお金を昨日彼にあげなかった。

⑤おいで！おいで！ここに来て。

2．①走！明年我们去北京。（行こう、来年私達は北京に行こう）

②昨天我们没练习跳舞。

（昨日私達はダンスの練習をしなかった）

③山本现在没学习英语，他学习汉语。

（山本さんは今、英語を習ってなく、中国語を習っている）

④去不好，不去也不好。你要我怎么办?（行ってもよくないし、行かなくてもよくないし、あなたは私にどうしてほしいの）

⑤田中不喝酒，以前不喝，现在也不喝。（田中さんはお酒を飲まない。以前も飲まなかったし、今も飲まない）

3．①包饺子难吗?

②下载那个 APP 要钱的。

③你觉得整理房间麻烦吗?

④预防感染，洗手和戴口罩都很重要。

⑤说不好，不说也不好。怎么办?

4．①我很喜欢吃寿司。

②去东京工作是我的理想。

③我爸爸以前不喝酒，现在也不喝酒。
④那儿有一个留学生。
⑤她这个星期没有时间。

第8课

1. ①ちょっと座って、少し休んでください。
②彼はちょっと頭を振って「だめ」と言った。
③私達はもうちょっと考えて、もう少し話し合いましょう。
④ここでちょっと待っていてください。コーヒーを買ってきます。
⑤私は日曜日に歌を歌ったり、ダンスをしたり、テレビを見たりするのが好きです。
2. ①我的爱好是听听音乐，种种花。（私の趣味はちょっと音楽を聞いたり、花を植えたりすることです）
②这个问题你问问郭老师吧，我不懂。
（この問題は郭先生に聞いてみて、私はわかりません）
③那儿人不多，我们去那儿散散步吧。（あそこは人が多くないので、あそこにちょっと散歩に行きましょう）
④你不尝尝我做的蛋糕吗？
（私が作ったケーキを食べてみませんか）
⑤大家快洗洗手，一起吃饭。
（みんな早くちょっと手を洗って、一緒にご飯を食べよう）
3. ①来，让我抱抱这个孩子。
②你应该表扬表扬你的部下。
③你尝尝我做的饺子吧。
④请你收拾收拾你的桌子。
⑤睡觉前，我有时上上网，查查邮件。
4. ①他看了看我，点了点头。
②他应该教育教育自己的孩子。
③现在有时间，我们去踢踢足球吧。
④我们去那个公园散散步吧。

⑤我跟他商量商量了那件事。

第9课

1．①日本は山が多い。

②この場所は不便だ。

③昨日は涼しかった。

④あのコーヒーはおいしくない。

⑤彼の部屋は散らかっている。

2．①我们的汉语老师很好。(私達の中国語の先生は（とても）いい)

②这个苹果不好吃。(このリンゴはおいしくない)

③我现在很紧张。(私は今、緊張しています)

④四川菜辣，北京菜不辣。

(四川料理は辛いが、北京料理は辛くない)

⑤他（/ 她）的手机很贵，我的不贵。

(彼（/ 彼女）のケータイはとても高いが、私のは高くない)

3．①昨天很暖和。

②你的回答对吗?

③那儿很安全，你放心。

④你不笨，你很聪明。

⑤那个老师很好，这个老师不好。

4．①昨天的菜很好吃。

②那儿有很多商店。

③我觉得汉语的语法难。

④你今天忙吗?

⑤那个医院非常远。

第10课

1．①この薬はよく効く。

②あの子は気骨がある。

③私は能力がなくて、根気もない。

④彼は時間がたっぷりあるが、私はない。
⑤彼の話はとても理にかなっている。

2. ①那个电影有意思吗？（あの映画は面白いですか）
②这个东西有用没有用？（これは役に立ちますか）
③他（/她）很有信心，我没有信心。
（彼（/彼女）は自信満々だが、私は自信がない）
④以前他（/她）没有钱，现在很有钱了。
（以前、彼（/彼女）はお金がなかったが、今はとても金持ちになった）
⑤那本书很有名，你不知道吗？
（あの本はとても有名ですが、あなたは知らないの？）

3. ①高仓健在中国很有名。
②那个电视剧没有意思。
③田中老师很有学问。
④那个孩子很了不起，很有前途。
⑤那个歌星很有人气吗？

4. ①昨天的汉语课很有意思。
②田中老师教英语很有经验。
③那家公司不很有名。
④京都的清水寺很有历史。
⑤李老师很有学识。

第11课

1. ①あなたはちゃんと勉強しなければならない。
②彼の顔はなぜ真っ黒なの？
③彼は急いで行ったので、朝ごはんも食べなかった。
④とても元気な彼がなぜ病気になったの？
⑤机はきれいに片付けた。

2. ①他（/她）每天都高高兴兴地去上班。
（彼（/彼女）は毎日、喜んで会社に行く）

②大家都慢慢儿吃，慢慢儿喝。
（みんなゆっくり食べて、ゆっくり飲んでください）
③别紧紧张张的。（緊張しないで）
④他（/ 她）今天怎么了？ 穿得奇奇怪怪的。
（彼（/ 彼女）は今日はどうしたの？奇妙な服を着ている）
⑤我的手举得高高的，你没看见吗？
（私の手が高く挙がっているのを見てないの？）

3．①希望你平平安安回家。
②这条路凹凹凸凸的，慢慢儿走。
③她头发长长的，脸圆圆的。
④没有时间了，快快说。
⑤太好了，碗碟全部都洗得干干净净的。

4．①我妈妈做的菜很好吃。
②我们的教室干干净净的。
③我想慢慢儿学习汉语。
④老师说得清清楚楚的，你不明白吗？
⑤我朋友要来我家，我急急忙忙收拾房间。

第12课

1．①彼女は車であなたを待っているから、早く行ってください。
②ああ、車のボンネットに鳥の糞がたくさんあるよ。
③私の傘はドアの裏に置いてある。
④彼の部屋の壁に服がたくさん掛けてある。
⑤私の財布にはお金がなくなったよ。

2．①田中坐在我右边儿。（田中さんは私の右側に座っている）
②车里很热，香蕉别放车里边儿。
（車の中は暑いので、バナナは車の中に置かないで）
③我的钥匙挂在门口旁边儿的架子上边儿。
（私の鍵はドアのそばの棚に掛けてある）
④大下他们学校前边儿没有便利店。

（大下さん達の学校の前にはコンビニがない）

⑤你们在外边儿做什么？快进来坐啊。

（あなた達は外で何をしているの？早く入って来て坐りなさい）

3．①要洗的衣服放洗衣机旁边儿的篮子里。

②他们公司前边儿有一个加油站。

③李健在图书馆外边儿做什么？

④他的车停在他家前边儿。

⑤我脑子里一直想着那个问题。

4．①桌子上有两台电脑。

②我的衣服放在椅子上。

③这个本子上写着我的名字。

④苹果放在冰箱里。

⑤车站前边儿有很多商店。

第13课

1．①あなたは書いて、私は見る。

②彼のお父さんは今仕事をしていないの？

③昨日李明さんは出勤しなかった。

④あなたはWeChatで支払いますか。

⑤以前私はサッカーは大好きだったが、野球は好きではなかった。

2．①李明在里边儿吗？（李明さんは中にいますか）

②上个星期天他没去东京。

（先週の日曜日、彼は東京に行かなかった）

③那家便利店没卖啤酒吗？

（あのコンビニはビールを売っていないですか）

④我们学习汉语，他们（/她们）学习韩语。（私達は中国語を習っているが、彼ら（/彼女達）は韓国語を習っている）

⑤他（/她）很喜欢喝咖啡，不喜欢喝红茶。

（彼（/彼女）はコーヒーがとても好きで、紅茶が好きではない）

3．①明天他不去图书馆。

②她现在没做菜。

③王老师去年没回中国。

④他很喜欢学习汉语。

⑤我不说，你说。

4. ①现在他没打电话。

②昨天他没上网吗?

③他很了解中国社会。

④明天田中来，山中不来。

⑤你吃日本菜吗?

第14课

1. ①私が話します。あなた達は聞いてください。

②私は昨日おばあちゃんのお見舞いに病院に行きました。

③彼らは私達の学校に何しに来るの？

④あなたはあの教室に行って探してみて、彼はきっとあそこにいる。

⑤中山さんは昨日大阪に出張しなかった。

2. ①这些东西我来拿，你来开门。

(これらの物を私が持ちます、あなたはドアを開けてください)

②你来看，他们在那儿打篮球。

(見て、彼らはあそこでバスケットボールをしている)

③我来教你日语，你教我汉语。

(私が日本語を教えてあげる。あなたは中国語を教えてください)

④明天你们去看电影吗?

(明日あなた達は映画を見に行きますか)

⑤上个星期他爸爸没去上海出差。

(先週彼のお父さんは上海に出張しなかった)

3. ①昨天他没去图书馆学习。

②我来洗碗碟，你来擦。

③田中不去那儿买东西。

④我们去打乒乓球吧。
⑤李建明年要来日本学习日语。

4. ①他昨天去百货商店买东西了。
②明年他们要去中国旅游。
③他们不去那儿喝咖啡。
④他每个星期去哪儿买东西?
⑤老师，我来帮你吧。

第15课

1. ①広島は昨日寒くなかった。
②英語は難しいが、中国語は簡単です。
③私は今お腹が空いていない。あなたは？
④富士山はきれいで、私はとても好きだ。
⑤私は学識がないが、彼はとても学識があると思います。

2. ①他（/她）哥哥高，我哥哥矮。
（彼（/彼女）のお兄さんは背が高いが、私の兄は低い）
②那个电影很有意思。(あの映画はとても面白い)
③这个教室不大，那个大。
(この教室は大きくないが、あの教室は大きい)
④今天作业不多，我们去买东西吧。
(今日の宿題は多くないので、買い物に行きましょう)
⑤微信很方便，用的人很多。
(WeChatは大変便利で、使う人が多い)

3. ①今年雪很多。
②上个星期的作业很少。
③昨天很忙，今天不忙。
④这个牛奶好喝，那个牛奶不好喝。
⑤昨天很冷，没下雪吗?

4. ①昨天汉语课很愉快。
②万里长城很长。

③这个韩国菜不辣。

④现在汉语很重要，我要努力学习。

⑤今天天气很好。

第16课

1. ①私は60点で、彼は100点だ。

 ②1週間は7日で、1日は24時間です。

 ③彼の誕生日は8月7日です。8月8日ではない。

 ④このケータイは10万円です。あなたは買いますか？

 ⑤このリンゴは1斤20元です。12元ではない。

2. ①明年是二〇二三年，不是二〇二四年。

 （来年は2023年です。2024年ではない）

 ②王英的爷爷今年七十五岁。

 （王英さんのおじいさんは今年75歳です）

 ③今天九月十日教师节。

 （今日は9月10日で教師の日です）

 ④这个电脑二十万日元，那个十八万。

 （このパソコンは20万円で、あれは18万です）

 ⑤我们班三十个人，他们（/她们）班二十九个人。（私達のクラスは30人で、彼ら（/彼女達）のクラスは29人です）

3. ①我一米六，他一米六十五。

 ②一年不是五十二个星期吗?

 ③我一个小时工资一千日元，他一个小时九百五十日元。

 ④他的生日是五月三十日。

 ⑤他是大阪人，不是东京人。

4. ①那个电脑不是二十万日元。

 ②他身高一米八十公分。

 ③这个苹果不是三十块一斤。

 ④昨天不是星期二，是星期一。

 ⑤我（是）广岛人，他（是）冈山人。

第17课

1．①北海道は昨日大雪でした。
　②彼女は元気です。
　③バナナは1斤10元です。
　④この日本料理は私が作ったのです。
　⑤この仕事は時給1000円です。

2．①田中头发很长。（田中さんは髪が長い）
　②这种酒一千日元一瓶。（このお酒は1本1000円です）
　③昨天中田没给我打电话。
　（昨日、中田さんは私に電話をしてくれなかった）
　④我们大学图书馆很小。（私達の大学の図書館は小さい）
　⑤这个蛋糕你吃吗？（このケーキを食べますか）

3．①我一个星期休息一天。
　②那本小说内容很有意思。
　③郭老师的报告他交了。
　④这个糕点一个人三个。
　⑤他的工资一个月三十万日元。

4．①他脚很长。
　②那件事我知道了。
　③我一天吃一个鸡蛋。
　④明年我不去中国。
　⑤那个西瓜我们三个人吃。

第18课

1．①アリペイを持ってますか。
　②北京の夏は暑くないの？
　③日本の一番高い山は富士山ですか。
　④彼らはみんな高校生でしょう？
　⑤このマーボー豆腐は辛くないでしょう？

2．①这个蛋糕不甜吧？（このケーキは甘くないでしょう？）

②山本的生日是五月五日吗?
（山本さんの誕生日は5月5日ですか）
③现在图书馆人多吗?（今図書館は人が多いですか）
④王明和李健喜欢吃寿司吗?
（王明さんと李健さんはお寿司が好きですか）
⑤那个人是我们大学的留学生吧?
（あの人は私達の大学の留学生でしょう？）

3．①汉语的发音难吗?
②你的手机贵吧?
③星期天大家都不忙吧?
④后天的交流会李明不参加吧?
⑤今天是星期三吧? 不是田中的生日吗?

4．①他明年要去中国留学吗?
②那个问题不难吗?
③他身高有一米七吧?
④你喜欢吃拉面吗? ——喜欢!
⑤你没有电脑吗? ——有，我有。

第19课

1．①今どんな悩みがあるのですか。
②あなたは彼にどのようなケーキを作ってあげようと思いますか。
③どんなメーカーの車がもっとも人気があるのですか。
④この単語はどういう意味ですか。
⑤どんなオンライン授業が学生は一番好きですか。

2．①你今天要穿什么样的衣服?
（あなたは今日どんな服を着たいの？）
②那些中国人来这儿做什么?
（あの中国人達は何をしにここに来るの？）
③什么好? 什么不好? 你自己想。
（何が良いか、何が良くないか。自分で考えなさい）

④现在最有人气的手机是什么样的？

（今もっとも人気があるケータイはどんなのですか）

⑤什么品牌的电脑最贵？

（どんなブラントのパソコンが一番高いですか）

3．①这些蔬菜有什么营养？

②他想买什么样的冰箱？

③李老师在大学教什么？

④什么样的饭团最好吃？

⑤什么便宜，什么不便宜，你知道吧？

4．①你喜欢吃什么样的拉面？

②中国现在有什么问题？

③那个病有什么症状？

④他喜欢玩儿什么样的手机游戏？

⑤留学生说什么，我不明白。

第20课

1．①誰があなたに電話をかけてきたの？

②彼はどなたの子ですか。こんなに可愛い。

③あなたは彼とどういう関係がある人ですか。

④どんな人がこの仕事に適しているの？

⑤彼は誰の親戚ですか。こんなに横暴だ。

2．①那件事你还告诉谁了？（あのことは、ほかに誰に言ったの？）

②明天谁来帮你搬家？

（明日誰があなたの引っ越しを手伝いに来るの？）

③这是谁的自行车？（これは誰の自転車ですか）

④你在这儿等什么人？（ここで誰を待っているの？）

⑤什么样的人不能吃这种药？

（どういう人がこの薬を飲んではいけないの？）

3．①什么人（／谁）反对了？

②谁不能吃辣的东西？

③你们班上谁去过中国?

④世界上什么人最忙?

⑤什么样的人适合当小学教师?

4. ①谁不喝咖啡?

②什么样的人不能吃花生?

③谁是你们的汉语老师?

④我们班谁会说英语?

⑤他是什么人? 这么骄傲。

第21课

1. ①どのセットでどんなハンバーガーがほしいの？

②どの町がまだ高速鉄道がないの？

③今日はどの服を着たいの？

④どの2冊が王先生からもらったものですか。

⑤どの人が王英さんのボーイフレンドですか。

2. ①哪个国家面积最大?（どの国の面積が一番広いですか）

②哪两个问题很重要?（どの2つの問題が重要ですか）

③哪些人没交作业?（宿題を提出していないのはどの人達ですか）

④哪种手机比较好?（どのケータイが比較的よいですか）

⑤食堂的哪些菜好吃?（食堂のどんな料理がおいしいですか）

3. ①哪支铅笔是你的?

②上个星期的作业哪些人还没交?

③哪些菜是他做的?

④世界上哪个国家人口最多?

⑤哪些国家生产大米?

4. ①哪些语言是联合国的通用语言?

②人最需要哪种维生素?

③来日本旅游，你要去哪些地方?

④哪些人要注意健康?

⑤明年他要去哪个国家?

第22课

1．①私は時間がある訳がない。他の人を探してください。
②あなたのお兄さんはどこで働いているの？
③彼らはどこで結婚式を行うつもりですか。
④とんでもない、私はその能力がない。
⑤王明さんは今どこの大学に通っているの？

2．①北京哪儿的烤鸭最好吃?
（北京のどこの北京ダックが一番おいしいですか）
②这个暑假你要去哪儿旅游?
（この夏休みにどこに旅行に行くつもりですか）
③李明和田中现在在哪里打工?
（李明さんと田中さんは今どこでバイトをしているの？）
④这附近哪里有停车场?（この付近はどこに駐車場があるの？）
⑤哪儿啊！这个菜不是我做的，是买的。（いいえ、この料理は私が作ったものではなく、買ったものです）

3．①明天要去哪儿（／哪里）看电影?
②上海哪儿（／哪里）最热闹?
③我的手机在哪儿（／哪里）?
④他们在哪儿（／哪里）等我们?
⑤哪里哪里（／哪儿啊），这个工作我不行。

4．①这个暑假，你想去哪儿旅游?
②田中现在住（在）哪儿?
③哪里哪里，我哪里有优点。
④日本的中国地方在哪儿?
⑤这个盒子放哪儿?

第23课

1．①彼は日本での生活が忙しいですか。
②私達は明日会議を開きますか。
③今日はご馳走してくれる？しないとだめだよ！

④あなたはこのことを彼に伝えるべきと思いますか。
⑤この薬は風邪を治す薬ですか。

2. ①这些书是不是山中的?（これらの本は山中さんのですか）
②你姐姐现在在不在家?（お姉さんは今、家にいますか）
③你们有没有微信?（あなた達は WeChat がありますか）
④那个结果你满意不满意?（あの結果に満足ですか）
⑤山本想不想去北海道旅游?
（山本さんは北海道に旅行に行きたいですか）

3. ①这个手机的款式酷不酷?
②李田吃不吃日本菜?
③她一个人敢不敢回家? ／ 她敢不敢一个人回家?
④明天你加（班）不加班?
⑤那些人都是不是你们大学的留学生?

4. ①他身体好不好?
②这些都是不是中国菜?
③现在上海凉快不凉快?
④你会不会开车?
⑤他昨天来没来学校?

第24课

1. ①あなたは WeChat ペイで支払いますか、それともアリペイで支払いますか。
②あなたがクラス委員長ですか、それとも彼ですか。
③あなたは経済と政治、どちらが大切だと思いますか。
④彼は今年卒業ですか、それとも来年ですか。
⑤あなたは先に歯を磨くのですか、それとも先に朝ごはんを食べるのですか。

2. ①你们的汉语课是星期三还是星期四?（あなた達の中国語の授業は水曜日ですか、それとも木曜日ですか）
②你现在去超市还是晚上去?

（今スーパーに行くの？それとも夜に行くの？）

③你常用电脑还是手机？（いつもパソコンを使っているの、それともケータイを使っているの？）

④你觉得健康重要还是金钱重要？（健康とお金はどちらが大切だと思いますか）

⑤田中是会长还是中田是会长？（田中さんが会長ですか、それとも中田さんが会長ですか）

3．①这种苹果好吃还是那种好吃？

②田中不知道还是不想说？

③新学期这周开始还是下周开始？

④你用的是旧的书还是新的书？

⑤那位老师是英语老师还是法语老师？

4．①今天是星期一还是星期二？

②那个人是田中先生还是中田先生？

③你喜欢打乒乓球还是打网球？

④乌龙茶好喝还是茉莉花茶好喝？

⑤你明天来还是后天来？

第25课

1．①どのように中国留学の奨学金を申し込みますか。

②あなたはどのようにケータイで中国のものを買いますか。

③見てください、私のこの服はどうですか。

④タクシーをやめて、地下鉄で行くのはどうですか。

⑤彼女は日本料理を作るのはどうですか。

2．①请你教我怎么包饺子好吗？

（どのように餃子を作るのか教えてくださいませんか）

②那个英国留学生汉字写得怎么样？

（あのイギリス人留学生は漢字を書くのはどうですか）

③你怎么在微信上给中国的家人汇款？

（どうやって WeChat で中国の家族に送金するのですか）

④你觉得这个电影怎么样？ 有意思吗？

（この映画はどう思いますか。面白いですか）

⑤明天我没空，后天怎么样？

（明日は暇がないですが、明後日はどうでしょうか）

3．①这个生鱼片怎么样？ 新鲜吧？

②要是明天天气好，我们去爬山怎么样？

③王康的生日礼物，我想送他时钟，你觉得怎么样？

④网上的资料怎么打印？

⑤请你教我怎么用 Zoom 吧。

4．①你怎么记词汇？

②上野动物园怎么样？

③你每天怎么去学校？

④他开车开得怎么样？

⑤美国的大学教育怎么样？

第 26 课

1．①あなたはどうして勝手に人の物を取ったの？ダメです！

②どうして人は運動と睡眠が必要ですか。

③8時になったよ。彼はなぜまだ起きないの？

④ゆっくり言ってください。どうして仕事を辞めるの？

⑤李強さんの成績は悪くないよ。なぜあの大学に受からなかったのか。

2．①昨天你怎么没给我打电话？

（昨日どうして電話をかけてくれなかったの？）

②为什么你将来想自己开公司？

（どうして将来自分の会社を作りたいの）

③怎么没有一个国家反对那个意见呢？

（なぜあの意見に反対する国は1つもないの？）

④今天王健怎么没来上班？

（今日、王健さんはなぜ会社に来てないのですか）

⑤他（/她）这次考试为什么不及格?

（彼（/彼女）は今回の試験はなぜ不合格か）

3．①他怎么两个星期都没来上课?

②大家都明白，为什么他不明白?

③为什么中国人不能送人时钟?

④手机上为什么有那么多功能?

⑤你为什么（/怎么）不听我的话?

4．①你怎么忘了作业?

②为什么日本人那么喜欢熊猫?

③怎么他还没还你钱?

④为什么鲸鱼是哺乳动物?

⑤你不觉得奇怪吗? 怎么一直有战争?

第27课

1．①買ってきた料理はおいしくない。自分で作った料理のほうがおいしい。

②兄のガールフレンドは彼の学校の職員です。

③これらの栗は大きいのも小さいのもおいしい。

④中国の世界文化遺産は多い。

⑤彼女の息子は南京大学の学生で、北京大学の学生ではない。

2．①李明的爸爸是我们大学的老师。

（李明さんのお父さんは私達の大学の先生です）

②我在中国买的酒好喝吗?

（私が中国で買って来たお酒はおいしいですか）

③好吃的菜不便宜，便宜的菜不好吃。

（おいしい料理は安くない。安い料理はおいしくない）

④王海的弟弟很喜欢看日本的动漫。

（王海さんの弟は日本のアニメが大好きです）

⑤今年去海边儿游泳的人不多。

（今年は海に泳ぎに行く人は多くない）

3．①他的生日不是四月一日。

②这是日本传统的文化吗？

③那是公司的电脑，不是我的。

④他起床的时候，他（的）爸爸还没起床。

⑤这是他写的小说，你看吗？

4．①李老师的弟弟明天来日本。

②今天的课很愉快。

③昨天我们看的比赛很有意思。

④他们大学的图书馆很大。

⑤人生最重要的东西是什么？

第28课

1．①このアプリはあのアプリよりずいぶん便利です。

②李先生は中国語を教えるのはどうですか。

③今日は風が強いです。

④彼は跳び上がって喜んだ。

⑤彼の娘さんの成績は素晴らしい。

2．①李健的哥哥比我哥哥高得多。

（李健さんのお兄さんは、私の兄よりずいぶん背が高い）

②山中的妹妹弹钢琴弹得很不错。

（山中さんの妹さんはピアノがとても上手だ）

③这个电脑贵得很。（このパソコンはずいぶん高い）

④地震时，房子摇得很厉害。

（地震の時に、家がすごく揺れました）

⑤中田足球踢得怎么样？（中田さんのサッカーはどうですか）

3．①今年比去年冷得多。

②田中中国菜做得很好。

③那个孩子笑得很可爱。

④她感冒得很厉害。

⑤我们聊天聊得很高兴。

4．①我汉语说得不流利。
②我们每天过得很愉快。
③今天我想早点儿睡。
④他开车开得很快。
⑤他的成绩比我好得多。

第29课

1．①王先生はとても謙虚に私達の質問に答えてくださった。
②私達はみんなまじめに中国語を勉強しなければならない。
③みんなが無事に家に帰れるように願っています。
④彼はこっそり故郷を離れた。
⑤彼は大声で「私は酔ってないよ」と言った。
2．①我妈妈生气地批评了我。（母は怒って私を叱りました）
②给你十分钟，你慢慢儿地想。
（10分間あげます。ゆっくり考えてください）
③小明高兴地喊着，“我一百分了！”
（明ちゃんは喜んで「100点を取ったよ」と叫んだ）
④你好好儿地听你姐姐说，别急。
（ちゃんとお姉さんの言うことを聞いて、焦らないで）
⑤这个问题我要冷静地考虑考虑。
（この問題は私は冷静に考えなければならない）
3．①你好好儿（地）说。
②这个资料你仔细（地）查了吗？
③我衷心地感谢您。
④今年我要努力（地）学习汉语。
⑤他有条件地赞成你的意见。
4．①你好好儿地做作业吧。
②他紧紧张张地回答问题。
③他大声地笑着。
④请你慢慢儿地开车。

⑤他不停地摇头。

第30课

1. ①食べたいものを自分でインターネットで注文しなさい。
②山下さんは今彼女に教えたくない。明日彼女に教えようと思っている。
③今晩は料理を作る気がしないので、外で食事をしましょう。
④今インフルエンザが流行っているので、マスクをつけることと、よく手を洗うことをしなければならない。
⑤日本のワクチンを接種したい、アメリカのワクチンは接種したくない。
2. ①山本很想吃你做的饺子。
(山本さんはあなたが作る餃子をとても食べたがっている)
②这件事请你不要告诉王老师。
(この事は王先生に言わないでください)
③我不想夏天去，我想秋天去。
(私は夏に行きたくない。秋に行こうと思います)
④李明的姐姐下个月要当妈妈了。
(李明さんのお姉さんは来月母親になる予定です)
⑤你不要上网了，快去学习。
(インターネットをしないで、早く勉強しなさい)
3. ①明天下午我要到医院去拿药。
②听说他不想在日本就职。
③以前我想当医生，可是现在我想当小学老师。
④你现在想吃什么，走，我请你。
⑤今天我不太舒服，我不想吃早饭。
4. ①明天我要去东京。
②我想一个人去中国。
③今天我不想吃拉面和炒饭。
④不要在这儿说话。

⑤这个星期天我要去看弟弟的棒球比赛。

第31课

1. ①彼はインターネットはできるが、ソフトのダウロンードはできない。

②中山さんは風邪をひいたようなので、今日は来ないだろう。

③私はマーボー豆腐を作れないが、あなたは作れる？

④彼女はとても物語を話すのが上手なので、子供達はみんな彼女が大好きです。

⑤今は渋滞しているだろうと思うので、車で行かないで。

2. ①我不会打棒球，只会打排球。

（私は野球はできないが、バレーボールだけはできる）

②你哥哥的孩子现在会走了吗？

（お兄さんの子供は今は歩けるようになりましたか）

③张明的妈妈很会包饺子，包得很好吃。（張明さんのお母さんは餃子を作るのがとてもうまい。しかもとてもおいしい）

④王海会不会告诉李老师？（王海さんは李先生に言うでしょうか）

⑤中本一定会来。你放心。

（中本さんはきっと来るよ。安心してください）

3. ①你放心，他的病一定会好的。

②我小学一年级的时候，还不会骑自行车。

③李强很会打乒乓球，你会打吗？

④他很会主持会议。

⑤明天会发生什么事，我不知道。

4. ①明天会下雪吗？

②我只会做咖喱饭。

③我想他明年会去中国留学。

④我不会下载这个软件。

⑤我一定不会忘记这件事。

第32课

1．①日本では勝手に駐車することはできない。

②パソコンに故障が出たことは私のせいではないよ。

③ここは Wi-Fi がないので、私のケータイで支払うことはできない。

④昨日あなたに送ったあの添付ファイルは開けますか。

⑤あなたは6年間英語を習っているので，小学生に英語を教えられるでしょう。

2．①我会开车，可是不能教你开车。

（私は運転できるが、あなたに教えられない）

②这儿能用信用卡付钱吗?

（ここではクレジットカードで支払うことができますか）

③对不起，这儿不能抽烟。

（すみません、ここはタバコを吸ってはいけません）

④你能不能借我一百日元?（100円貸してもらえますか）

⑤上课时不能吃东西。（授業の時に物を食べてはいけない）

3．①以前我不能吃纳豆，现在能吃。

②明天李明九点能来吗?

③在地铁上能打手机吗?

④听说在中国二十岁不能结婚。

⑤你的手机能上网课吗?

4．①外边儿很吵，我不能休息。

②有动机，就能继续学习。

③因为新冠，我不能见他。

④今年我不能上郭老师的课。

⑤这里能用现金吗?

第33课

1．①お金を借りたら返さないといけない。

②いいですよ、明日用事がないから行けます。

③この値段はまあまあ適当で、買ってもいいと思う。

④すみません、これらの本は割引ができますか。

⑤あの学校は規定により学生が髪の毛を染める事は禁止だ。

2. ①可以，星期天我去帮你。

(いいですよ、日曜日に手伝いに行きます)

②你十八岁，不可以喝酒。

(あなたは18歳なので、酒を飲んではいけない)

③在图书馆不可以大声说话。

(図書館では大声で話してはいけない)

④老师，我可以上洗手间吗?

(先生、トイレに行ってもいいですか)

⑤七十岁以上的人可以免费看电影。

(70歳以上の人は無料で映画を見ることができる)

3. ①可以，我下午四点给你打电话。

②这件衣服可以试穿吗?

③留学生都可以参加。

④来日本，可以去京都看看。

⑤骑摩托车不可以不戴钢盔。

4. ①明天我有事，不能上课。

②我会说一点儿汉语。

③那件事真的不能想像。

④今天下雨，我不能去踢足球。

⑤因为新冠，我不能去留学了。

第34课

1. ①あなたの話は彼はわかるはずでしょう。

②私達の大学では2つの外国語を学ばなければならない。

③仕事は自分で進んでやるべき時もあれば、進んでしなくてもいい時もある。

④あなたの部屋はちょっと掃除すべきだ。

⑤彼はわかったはずでしょう。彼に言う必要はない。

2. ①坐公交车七十岁的老人得买票吗?(バスに乗るのに70歳の老人は切符を買わなければいけませんか)
②五六岁的孩子应该很可爱吧。
(5、6歳の子供はきっと可愛いはずでしょう)
③明天田中得来，中田不用来。
(明日田中さんが来るべきで、中田さんは来る必要がない)
④这件事不应该你做，应该李强来做。(このことはあなたがやるべきではない、李強さんがやるべきだ)
⑤那家医院下午人应该不多，你应该下午去。(あの病院は午後人が少ないはずだ。あなたは午後に行くべきだ)

3. ①这个星期日，他应该有时间。
②他不应该忘记老婆的生日。
③留学生也应该（/得）缴健康保险费吗?
④我觉得政府应该（/得）保护所有国民的安全。
⑤我们应该（/得）学一点儿自己国家的历史和经济。

4. ①我想他明天应该会来。
②以后我应该（/得）注意健康。
③今天的课他不应该缺席。
④他有钱，不用打工。
⑤听他的日语，他应该是中国人。

第35课

1. ①彼女は運転免許を持っているが、今は運転する勇気がない。
②李先生の授業は聞きに行く価値があると思う。
③このことはみんなで一緒にお祝いする価値があるの？
④遊園地のジェットコースターは私は乗る勇気がない。あなたは乗れる？
⑤コロナの感染がまだ収まってないのに、あなたはまだ東京に行く勇気があるの？

2．①警察来了，他吓得不敢说话。
（警察が来たら、彼は怖くて話す勇気がなかった）
②那些邮票值不值得收藏？
（あれらの切手は収集する価値があるのですか）
③为什么你姐姐不敢骑自行车？
（どうしてあなたのお姉さんは自転車に乗る勇気がないの？）
④山中先生非常值得我们大家的尊敬。
（山中先生は非常に私達が尊敬するに値する）
⑤这个东西不错，很便宜，我觉得值得买。
（これは悪くないし、安いし、買う価値があると思う）

3．①他的话值得相信吗？
②做生意有时得敢冒险。
③那件小事，值得你生气吗？
④我敢保证那个东西值得买。
⑤很多学生上课时不敢问老师问题。

4．①李明怕生的东西，不敢吃生鱼片。
②我觉得那个东西不值得买。
③妈妈在的时候，为什么她不敢说话？
④她不再敢晚上一个人出门。/ 她晚上不再敢一个人出门。
⑤他已经结婚了，还值得你等他吗？

第36课

1．①私は弟が2人いて、彼は妹が1人いる。
②彼はケータイを2台、私はパソコンを2台持っている。
③コーヒーを2杯、サンドイッチを2つください。
④ボールペンを2本、紙を2枚ください。
⑤皿を2枚、箸を2膳ください。

2．①请给我两杯红茶，两个面包。
（紅茶を2杯、パンを2つください）
②大山他们大学有两个中国老师。

（大山さん達の大学に中国人の先生が2人いる）
③张英的家有两张桌子，两台电视。
（張英さんの家に机は2つ、テレビは2台ある）
④李明给我两本书，两支铅笔。
（李明さんは私に本を2冊、鉛筆を2本くれた）
⑤我给大下两件衣服，两双鞋子。
（私は大下さんに服を2枚、靴を2足あげた）

3. ①明天我有两件事。
②医生给我两种药。
③我要两双运动鞋。
④我哥哥给我两支铅笔，两张纸。
⑤他有两本《日中词典》，两台电子词典。

4. ①我要两台手机。
②我有两支圆珠笔。
③我妈妈给我两件毛衣。
④我每天吃两个苹果。
⑤我们班有两个中国留学生。

第37课

1. ①この箸はあなたの、あれが私のです。
②この種類のリンゴがとてもおいしい。私は毎日1個食べる。
③あれらのお寿司は全部あなたのお母さんが作ったのですか。
④どのお菓子が1人2個ですか。
⑤昨日大きなケーキを2つ作った。

2. ①大下先生去年看了二十本书。
（大下さんは昨年20冊の本を読んだ）
②田中有五支圆珠笔。（田中さんはボールペンを5本持っている）
③这杯茶是我的，那杯是你的。
（このお茶は私の、あれがあなたのです）
④那些留学生不都是我们大学的留学生。（あの留学生達は、すべて

私達の大学の留学生というわけではない）
⑤那双鞋是我哥哥给我的。（あの靴は兄がくれたものだ）

3．①中国有二十三个省。
②这两张桌子很大。
③那个城市还没有高铁。
④这个书包是我的，那个是山下的。
⑤今天我在百元店买了两支圆珠笔。

4．①这些书我都看了。
②这两张纸给你。
③这种人大家都不喜欢。
④那个人有三个孩子。
⑤那些菜都很好吃。

第38课

1．①彼は1日30分インターネットをする。
②私はここでちょっと日光浴をする。
③日本で医学を勉強するのは6年かかりますか。
④王建さんは昨日2時間半日本語を勉強した。
⑤今年の夏休みに、おじいちゃんの家に1週間泊まりに行きます。

2．①我们在这儿休息一下吧。（ここでちょっと休みましょう）
②今年二月有二十九天。（今年の2月は29日あります）
③山田要去美国留学五个星期。
（山田さんはアメリカに5週間の留学をする予定です）
④机场都是二十四个小时开放的吗?
（空港はみんな24時間開いていますか）
⑤上田每周去便利店打四天工。
（上田さんは毎週4日コンビニでアルバイトをする）

3．①他昨天玩儿了三十分钟手机游戏。
②我爸爸每天工作十（个）小时。
③这个星期山中休息两天，周三和周五。

④去中国留学，四年要四百万日元吗？

⑤你在这儿等一会儿，他马上就来。

4．①他每个星期天踢两个小时足球。

②请你等我五分钟。

③我爸爸要去中国出差一个星期。

④我每天睡七个小时觉。

⑤王健在日本住了两年。

第39课

1．①私はもう2回言ったが、彼は聞かない。

②今回あなたが負けて、私が勝ったよ。

③日本でちょっとあなたのガイドになれる。

④張安さんは今年3回実家に帰った。

⑤李先生が2回手を叩いたので、みんなは話をやめた。

2．①每天拉十下耳朵对身体很好。

（毎日10回、耳を引っ張ると体にいい）

②我们公司一个月开一次全体会议。

（私達の会社は1ヶ月に1回、全体会議を開きます）

③这个电视剧我看了两遍了。（このテレビドラマを2回見た）

④这儿每天有很多趟公交车到火车站。

（ここは毎日駅に行くバスがたくさんある）

⑤你想一下，我的话对不对？（ちょっと考えて、私の話は正しい？）

3．①他每周有两次汉语课。

②这个巴士一（个）小时只有一趟。

③上次课他没来。

④我听了几遍了，还是不明白。

⑤她今天去了三次便利店。

4．①下一趟车是五点二十分。

②除夕的钟，为什么敲一百零八下？

③老师要我们每天听两次（／遍）课文的CD。

④下次我一定不再迟到。

⑤这一趟车人很多，我们坐下一趟吧。

第40课

1．①私は少し紅茶を飲みます。あなたは何を飲みますか。

②大丈夫、私はちょっと立ちます。どうぞお座りください。

③ちょっと当ててみて、彼は誰でしょうか。

④一部の留学生達はまだ国へ帰っていない。

⑤少し待ってください。ちょっとトイレに行きます。

2．①爷爷，您在这儿休息一会儿吧。

（おじいちゃん、ここでちょっと休んでください）

②我去一下，马上回来。（ちょっと行ってきます。すぐ戻ります）

③这些问题有一些人还不知道。

（これらの問題はまだ何人か知らない）

④我去买一点儿吃的，你等我一下。（ちょっと食べ物を買ってきます。ここで私を待っててください）

⑤昨天我打扫了一下我的房间。

（昨日私の部屋をちょっと掃除した）

3．①请给我一点儿水。

②昨天我只复习了（一）会儿（/一下）英语。

③他看了一下就明白了。

④你在这儿坐（一）会儿（/一下），我去买咖啡。

⑤现在有（一）点儿时间，我可以玩儿（一）会儿（/一下）游戏吗？

4．①他会说一点儿汉语。

②这些茶是茉莉花茶吗？

③今天我有一点儿时间。

④我每天练习弹一会儿钢琴。

⑤这个问题很难，我想一下。

第41课

1．①どのぐらい？彼の１年の収入はどのぐらいですか。

②中国語を何年勉強しているの？

③このたびの感染状況は、全世界で合計どのぐらいの人が亡くなりましたか。

④今の大学生は平均で１ヶ月に何冊本を読みますか。

⑤今回の英語の試験はあなた何点取りましたか。

2．①这个苹果多少钱一斤？（このリンゴは１斤いくらですか）

②张老师一天喝几杯咖啡？

（張先生は１日にコーヒーを何杯飲みますか）

③今天有多少人来参加了？（今日は何人参加したの？）

④到底你要十几个？ 十五还是十六？

（一体あなたは十何個ほしいの？ 15それとも16？）

⑤中山每天几点下班，几点回家？

（中山さんは毎日何時に退勤して、何時に家に帰るの？）

3．①这个月有多少天？

②他在北京工作了几年？

③你有几件毛衣？

④中国有几个直辖市？

⑤你一天喝多少水？

4．①世界上有多少个国家？

②他已经去美国几个月了？

③那首歌你听了几遍？

④他一年看多少本书？

⑤你有几个弟弟？

第42课

1．①彼は中国語をどのぐらい勉強しましたか。

②彼がどれぐらいすごいか知っていますか。彼は北京大学に受かったのですよ。

③あなた達は知り合ってどのぐらいになりますか。3年になったでしょう。

④ハルピンは今、どのぐらい寒いですか。零下何度ですか。

⑤あなたは今の英語のテキストがどのぐらい薄いか知らないでしょう。

2. ①你的房间有多大?（あなたの部屋はどのぐらい広さがあるの？）

②这个文件有多重要?（この書類はどのぐらい大切なの？）

③你说这个东西很便宜，到底多便宜?
（これは安いと言っているけど、一体どのぐらい安いの？）

④李伟的家多远啊? 打的去要多长时间?
（李偉さんの家はどのぐらい遠いですか。タクシーで行ったら、どのぐらい時間がかかりますか）

⑤这条河有多深? 能游泳吗?
（この川はどのぐらいの深さがあるのですか。泳げますか）

3. ①东京塔（有）多高?

②北京的天安门（有）多大?

③你出生的时候（有）多重?

④他不害羞吗? 脸皮多厚啊?

⑤那个箱子（有）多长，多高，多宽?

4. ①这个教室多大?

②他要去中国留学多长时间?

③中国的面积有多大?

④你猜，富士山有多高?

⑤新干线的速度有多快?

第43课

1. ①彼は昨日薬を飲んだら、すぐ寝ました。

②明日映画を見てから、フランス料理を食べに行きましょう。

③ちょっと待ってください。彼にショートメールを送ったらすぐ行きます。

④今朝は朝食に姉が作ったパンを食べました。

⑤昨日の夜彼は2時間インターネットをしました。

2. ①上个星期我看了两本小说。(先週小説を2冊読んだ)

②昨天我复习了一个小时汉语。(昨日中国語を1時間復習した)

③吃了饭，你快做作业。

(ごはんを食べたら、早く宿題をしなさい)

④前天我放了学，就去医院看奶奶了。(一昨日私は放課後、おばあちゃんのお見舞いに病院に行った)

⑤明天你下了课去找李老师。

(明日授業の後、李先生を訪ねて行ってください)

3. ①她发了感谢邮件，就睡觉了。

②看了他的信，她就一直哭。

③昨天的交流会我们包了三百个饺子。

④这二十年，他经验了很多困难。

⑤上个星期天，我和朋友踢了两个小时足球。

4. ①上个星期天我买了很多衣服。

②昨天我洗了衣服就去学校了。

③要是见了他，替我问好。

④我很喜欢吃寿司，今天我吃了十二碟。

⑤下午打了羽毛球，就去喝咖啡了。

第44课

1. ①12時になりました。彼は寝たよ。

②彼女は結婚して、仕事を辞めた。

③李明さんはいない。彼は帰った。

④もう遅いから、帰るよ。

⑤彼は大学の学長になったので、授業をしなくなった。

2. ①我知道了，李山的家有四口人了。

(知っているよ、李山さんは4人家族になった)

②现在很方便了，有手机了。

（今はとても便利になった。ケータイがある）

③今天很凉快了，不用开空调了。

（今日はとても涼しくなったので、エアコンがいらなくなった）

④五点半了，你姐姐下班了吗?

（5時半になった。あなたのお姉さんは退勤しましたか）

⑤去年山下是大学生，现在是老师了。

（去年山下さんは大学生だったが、今は先生になった）

3．①今年四月，我们都是大学生了。

②昨天很冷了。

③最近她瘦了。

④他起床了，他弟弟还没起床。

⑤明天他们不去看电影了。

4．①昨天那个面包不好吃。

②昨天她没来上课。

③今天是我的生日，我十九岁了。

④她现在不是代表了。

⑤他现在不学习韩语了，学习汉语了。

第45课

1．①死ぬほど暑いよ、早くエアコンをつけて。

②どうしたの？風邪をひいたのですか。

③西安とか、南京とか、重慶とか、私はみんな行きたい。

④本当にすみません、私は間違っていた。許してください。

⑤しまった、しまった！私達の株は暴落した。

2．①中国菜了、日本菜了、韩国菜了，我都喜欢吃。

（中国料理とか、日本料理とか、韓国料理とか、私はみんな好きです）

②怎么了? 田中不学习汉语了吗?

（どうしたの？田中さんは中国語をやめたの？）

③糟了! 我的手机不见了。（しまった！ケータイがなくなった）

④今天忙死了，我还没吃饭呢，饿死了。(今日は死ぬほど忙しかった。まだごはんを食べてないよ。お腹がペコペコだ)

⑤您太客气了，这一点儿小事没什么。(先生はお気を使わないでください、こんなささいなことはたいしたことではありません)

3．①累死了，在这儿休息一会儿吧。

②妈妈，您别担心了，我已经不是小孩子了。

③红的（了），白的（了），黄的（了），这些颜色我都喜欢。

④太好了，下周五没课啊。

⑤今天太谢谢你了。

4．①好了好了，我明白了。

②不好了！不好了！那儿发生大地震了。

③这次台风太厉害了。

④今天的作业太多了，我太累了。

⑤我饿死了，快去吃饭吧。

第46课

1．①信じますか？彼は歯を抜いたことがない。

②彼女は若い時に大変苦労した。

③彼ら夫婦は本当に喧嘩したことがないの？

④私達のクラスは彼女だけは留学したことがあるが、私達はみんな留学したことがない。

⑤ありがとうございます。本当に遠慮ではありません。私は晩ごはんを食べました。

2．①大下在大学时打过篮球，现在不打了。(大下さんは大学の時にバスケットボールをしたことがあるが、今はやめた)

②以前我用过苹果手机。(以前 iPhone を使ったことがある)

③我爷爷很喜欢孩子，他当过小学老师。(おじいちゃんはとても子供が好きで、小学校の先生になったことがある)

④你上课真的没迟到过吗?
(あなたは授業に本当に遅刻したことがないの？)

⑤这个杯子我洗过了，你用吧。

（このコップは洗ったから、使ってください）

3．①田中在中国用过微信。

②听说王英在日本留学时，没打过工。

③中原很了不起，他（／她）写过小说。

④当过父母的人，能了解父母的辛苦。

⑤早饭你吃（过）了吗？我还没吃。

4．①他常常去中国旅游，北京、上海、西安、他都去过。

②我以前学过弹钢琴。

③我没学习过韩语。

④他来日本十年了，没吃过生鱼片。

⑤很多学过的词汇，我都忘了。

第47课

1．①横になって食事をしないで！早く起きなさい！

②パソコンはずっとつけっぱなしですが、大丈夫でしょうか。

③壁に彼が撮った写真がたくさん貼ってある。

④もう一度言いますから、聞いてください。

⑤外はバラが咲いているので、本当にいい香りがします。

2．①外边儿下着雪吗？（外は雪が降っているのですか）

②桌子上放着两台电脑。（机にパソコンが2台置いてある）

③英子今天穿着一件很漂亮的毛衣。

（英子さんは今日とてもきれいなセーターを着ている）

④教室里坐着三十个学生。（教室に30人の学生が座っている）

⑤田中以前喜欢躺着看电视。

（田中さんは以前横になってテレビを見るのが好きだった）

3．①黑板上贴着一张中国地图。

②李伟的房间灯开着。

③你躺着休息一会儿吧。

④学校前边儿停着很多车。

⑤你看，孩子们唱着歌，跳着舞呢。
4．①今天我一直站着。
②我房间的墙上挂着很多照片。
③在火车上，他们坐在我前边儿。
④我的书包放在桌子上。
⑤很多中国人站着吃饭。

第48课

1．①彼はコーヒーが好きで、私も好きだ。
②歴史は面白くて、また、とても重要である。
③私のおばあちゃんは70歳で、彼のおばあちゃんも70歳だ。
④彼女は旅行が好きで、また写真を撮るのも好きだ。
⑤彼は私達の先生でもあり、友達でもある。
2．①李奶奶爱养花，也爱养猫养狗。(李おばあさんは花を育てることも、猫や犬を飼うことも好きだ)
②王英和李华也是二年级的学生。
(王英さんと李華さんも2年生だ)
③田中的生日也是九月二十六号。
(田中さんの誕生日も9月26日だ)
④我哥哥喜欢踢足球，我也很喜欢踢足球。
(兄はサッカーが好きで、私もとても好きだ)
⑤中山英语很好，汉语也不错。
(中山さんは英語がうまい、中国語も素晴らしい)
3．①她也常看中国电视剧。
②上田也会做中国菜。
③我也一样，很喜欢打乒乓球。
④他现在也在上网。
⑤那个点心很好吃，也不贵。
4．①我现在也很喜欢吃辣的菜。
②今年冬天也来了。

③他和我都没做作业。

④英语和汉语我都喜欢。

⑤山田做菜也很不错。

第49课

1. ①彼は2本とも飲んだ。

   ②父は毎日ジョギングに行きます。

   ③これらのウイルスはみんな怖い。

   ④私は毎週月曜日はわりと忙しい、水曜木曜はわりと暇です。

   ⑤これらは全部が中国料理ではなく、韓国料理もあります。

2. ①大家都安静一下，不要吵。

   (みんなちょっと静かにして、騒がないで)

   ②我们也都不知道那件事。(私達もみんなあの事を知らない)

   ③山下他们每天都去打工。(山下さん達は毎日バイトに行く)

   ④本田每个月都去上海出差。(本田さんは毎月上海に出張に行く)

   ⑤这台电脑和那台电脑都是你的吗?

   (このパソコンもあのパソコンもあなたのですか)

3. ①我觉得红茶和咖啡都好喝。

   ②上田他们都在那儿等你。

   ③我觉得每个人都有各自的优点。

   ④这些旧书都是一百日元吗?

   ⑤中国用筷子，日本和韩国也都用筷子。

4. ①那些地方都很危险。

   ②他们都是一年级的学生。

   ③昨天和今天都不忙。

   ④他们都不是十八岁。

   ⑤山田他们也都喜欢玩儿手机游戏。

第50课

1. ①これらは全部私が買ったものではなく、全部友達がくれたのだ。

②去年 WeChat を使えなかったが、今は使えるようになった。
③西安も洛陽も行ったことがない。
④彼は昨日風邪をひいたので、出勤しなかった。
⑤以前彼女は犬を飼うのが好きではなかったが、今は好きになった。

2. ①山下昨天没去打工，一直在家学习。(山下さんは昨日バイトに行かなかった。ずっと家で勉強していた)
②我现在没有钱也没有时间。(私は今お金も時間もない)
③昨天小西没复习汉语，也没预习英语。(昨日小西君は中国語を復習しなかったし、英語の予習もしなかった)
④他爸爸不抽烟，也不喝酒。
(彼のお父さんはタバコを吸わないし、酒も飲まない)
⑤田中这个暑假不想去美国留学。
(田中さんはこの夏休みにアメリカに留学したくない)

3. ①很多人不知道中国的真实情况。
②他没说那样的话。
③现在的大学生都不关心政治和经济吗?
④他们都不是韩国留学生。
⑤我没有零钱。

4. ①我以前不吃纳豆。现在很喜欢。
②我没打过高尔夫球。
③他现在不想去买东西。
④他不知道我的电话号码。
⑤他明天不在家。

第51课

1. ①彼は話すことがとてもうまい。
②あの管理方法は人間性がなく、適切ではない。
③彼と一緒に仕事をするのは面白くない。
④お風呂のお湯は冷たくもなく熱くもない、ちょうどいい。

⑤このことは重要ではないし、意味がないと思う。

2．①李勇不胖也不瘦啊。（李勇さんは太っても痩せてもいない）

②那个学生学习不认真，也很没礼貌。

（あの学生はまじめではないし、礼儀も知らない）

③我觉得那个地方不干燥也不潮湿。

（あそこは乾燥してもなく、湿っぽくもないと思う）

④这些菜很油腻，不好吃，不健康。

（これらの料理は脂っこい。おいしくないし、健康的ではない）

⑤王英做事很没有信心。（王英さんは仕事にとても自信がない）

3．①听说那个新的体育运动没有人气。

②他不高也不矮。

③这个时间不早也不晚。

④那个人没有修养，也很没有礼貌。

⑤这个教室不大也不小。

4．①他觉得现在的生活没有意思。

②昨天吃的菜不好吃。

③以前他不胖。

④那块玉只是石头，没有价值。

⑤这些茶杯他洗得不干净。

第52课

1．①このことは劉先生に言わないでください。

②地面がとてもつるつるで滑りやすいので、転ばないようにね。

③明日の発表会は緊張しないで、ゆっくり話してください。

④あなたはもうたくさん食べたから、食べないで。これらは弟に残しなさい。

⑤このスープは熱いから、ゆっくり飲んでください。やけどしないでね。

2．①你没有钱？别开玩笑了。（お金がない？冗談を言わないで）

②已经九点了，别睡了，快起来。

(もう9時になったよ。もう寝ないで、早く起きなさい)

③小心你的护照，别丢了。

(パスポートに気をつけて。なくさないで)

④明天别等我，你先回家。

(明日私を待たないで、先に家に帰ってください)

⑤你们下个星期都别迟到。(あなた達は来週みんな遅刻しないで)

3. ①别睡，你的作业还没做。

②天冷了，别感冒（了）。

③电影已经开始了，别等他了。

④这个疫情，别去卡拉OK了。

⑤现在电话诈骗的事很多，别上当（了）。

4. ①别看轻这个小问题。

②你别想这个问题。

③那本书，我给你，你别买。

④你要开车，别喝酒。

⑤小心，你的手机别掉了。

第53课

1. ①家は散らかっているので、笑わないでね。

②子供が大好きです。子供はみんなとても可愛いと思う。

③このケータイは10万円ですか。高すぎる。

④あの男性スターはすごくかっこいい。大好きです。

⑤この作家はとても人気があるよ。彼女の書いた小説はみんなとても面白い。

2. ①大川他们的大学留学生很少。

(大川さん達の大学は留学生が少ない)

②这个软件很有问题，你别下载。

(このソフトは問題がある。ダウンロードしないで)

③那家便利店人太多，别去吧。

(あのコンビニは人が多すぎるので、行かないで)

④我现在很饿，有没有吃的东西?

（今とてもお腹が減っている、食べ物がありますか）

⑤这个咖啡太好喝了，你在哪儿买的?

（このコーヒーはとてもおいしいね。どこで買ったの？）

3．①啊！这儿太漂亮了。

②这个麻婆豆腐太辣了！请给我一杯水。

③今天的课很有意思，很愉快。

④确诊病例一天七万人，太可怕了！

⑤工作都很难，都不轻松。你加油吧。

4．①我很饱了。谢谢。

②他昨天好像很累。

③日本菜很好吃。

④那个人很有钱，可是没有时间。

⑤这本书很有意思，你看吗?

第54课

1．①父は家であまり酒を飲まない。

②一部の若い親はあまり子供の教育ができない。

③この問題はあまり難しくない、ゆっくり考えてください。

④これらの古い切手はあまり価値がないと思う。

⑤あそこは交通があまり便利ではなく、家賃もあまり安くない。

2．①包饺子不太难，来，我教你。（餃子を作るのはあまり難しくない。さあ、私が教えてあげます）

②那个地方不太安全，你别去吧。

（あそこはあまり安全ではないので、行かないでください）

③我不太明白你说的话。

（あなたが言っていることはあまりよくわからない）

④田中不怎么喜欢吃麻婆豆腐。

（田中さんはあまりマーボー豆腐が好きではない）

⑤我吃了药了，现在不怎么疼了。

（薬を飲んだので、今はあまり痛くなくなった）

3．①这个星期的汉语作业不太多。

②这个麻婆豆腐不太辣，我能吃。

③他在家不怎么做饭。常常买盒饭吃。

④川村不怎么学习，成绩不太好。

⑤去参加那个会议，这件衣服不怎么合适。

4．①我不怎么锻炼身体。

②他不怎么吃日本菜。

③这个商品卖得不太好。

④便利店里人不太多。

⑤那个课不太有意思。

第55课

1．①あなたのお父さんは今月よく残業する。大変ですね。

②彼はWeChatを持っているが、あまり使わない。

③彼はいつもいろいろ考えるのが好きで、自分で悩みを作るのも好きだ。

④いつも人の世話をしないで、たまには自分のことも考えてください。

⑤山田さんはみんなと一緒に酒を飲みながらおしゃべりするのが（いつも）好きだ。

2．①我爸爸不常去中国出差。（父はあまり中国に出張しない）

②田中做事总是那么认真。

（田中さんは仕事をするのは、いつもあのようにまじめだ）

③这两年我姐姐老感冒。（この2年間、姉はいつも風邪をひいている）

④这个孩子老不听妈妈的话。

（この子はいつも母親の言うことを聞かない）

⑤李英星期天常在家照顾奶奶。

（李英さんは日曜日よく家でおばあちゃんの世話をする）

3. ①她总喜欢穿牛仔裤。
②他的老婆老（/总）爱批评人。
③高桥不常反对别人的意见。
④李贤常去医院做志愿工。
⑤他总（/老）不吃早饭。

4. ①我不常吃中国菜。
②他很了不起，总爱帮助人。
③她的房间总是很干净。
④奇怪，她今年怎么老感冒？
⑤我每天常吃一个鸡蛋。

第56课

1. ①中国語でもっとも難しいのは発音だと思います。
②戦争の時期、もっともかわいそうなのは一般の国民だ。
③私が一番食べたくない食べ物は納豆だ。
④李先生はとても気にかけてくださっているので、私達はもっと頑張って勉強しなければならない。
⑤あなたの話は筋が通っているけど、彼の話はもっと理にかなっている。

2. ①我很瘦，他比我更瘦。
（私は痩せているが、彼は私よりもっと痩せている）
②我爸爸比我妈妈更会做菜。（父は母よりもっと料理がうまい）
③现在谁是最有人气的棒球选手？
（今一番人気がある野球選手は誰でしょうか）
④我觉得田中学习最认真，成绩最好。
（田中さんが勉強が一番まじめで、成績が一番よいと思う）
⑤大下的话比你说的更没有意思。
（大下さんの話はあなたのよりもっと面白くない）

3. ①伊藤没有钱，我更没有钱。
②人生最有价值的东西是什么？

③你最想做的事是什么?

④流感很可怕，新冠更可怕。

⑤山中和中山汉语都很好，你觉得谁更好?

4．①我想多说汉语。

②人口最多的国家是中国。

③田中最努力学习。

④政府应该多帮助人民

⑤我觉得最好的药是睡觉。

第57课

1．①先生が1回話して、彼はすぐわかりました。

②彼は1ヵ月のバイトで2万円しか稼がなかった。

③昨日私達は授業の後すぐ買い物に行った。

④彼は3才の時にもう日本に来たようです。

⑤私は日本語と少しの中国語しか話せない。

2．①昨天我不太舒服，九点就睡了。

（昨日あまり気分がよくなくて、9時にもう寝た）

②我们的汉语班就十个人。

（私達の中国語のクラスは10人しかいない）

③他哥哥每天下了班就去喝酒。

（彼のお兄さんは毎日仕事が終わるとすぐ酒を飲みに行く）

④放心，别哭，你妈妈就回来。

（安心して、泣かないで、お母さんはすぐ帰ってくるよ）

⑤现在家里就我一个人。（今家には私1人だけだ）

3．①现在我就一千日元，不能给你啊。

②他一年就回一次老家。

③我现在就给他打电话。你等一下。

④这件事他们早就知道了。

⑤坐飞机去东京一个小时十五分就到。

4．①听说以前女人十五岁就能结婚了。

②昨天我们吃了饭就回家了。
③昨天晚上喝了一点儿酒就睡觉了。
④我就会做炒饭。
⑤他早就不喝咖啡了。

第58课

1．①雨が降ったら、私は行かない。降らなければ行きます。
②バイトをしなければ、勉強の時間があるよ。
③昨日母が体調が悪かったので、私は家で母の世話をした。
④彼が私達の中国語の先生、李先生です。
⑤彼らは初めて会ったのに、まるで古い友人のように、話したり笑ったりした。
2．①打了疫苗就比较安全。（ワクチンを打ったら、わりと安全です）
②你这样说就错了。（あなたはこのように言ったら間違いです）
③明天有时间我就去找你。
（明日時間があったらあなたを訪ねて行く）
④那儿好像就是你要找的地方。
（あそこがあなたが探していた所のようです）
⑤昨天我感冒了，头很疼，就没去上课。（昨日、風邪をひいてしまって、頭がとても痛いので、授業に行かなかった）
3．①你有糖尿病，就别吃甜的东西。
②听说他退休后就想去环游世界一周。
③他就是我们的上司。你问问他。
④现在我就在家，有事你就来吧。
⑤我爸爸不同意我去留学，我就不去了。
4．①那个课只要你去上，就能得到学分。
②因为王英不明白，我就教她了。
③明天李强来了，你就告诉他。
④那儿很热很潮湿，就像广岛的六月天气。
⑤他就在那儿等你，你快去。

第59课

1．①彼女はまだ5才だよ。まだよくわからないので、このように彼女を叱らないで。

②私は毎日6時に起きるが、兄は10時にやっと起きる。

③昨日母はやっと私の留学を許してくれた。

④どうして今やっと来たの？映画はもう始まったよ。

⑤母は1ヶ月たった1万円しかくれない。全然足りない。

2．①现在才八点，图书馆还没开。

（今まだ8時よ、図書館はまだ開いてない）

②昨天晚上我姐姐十二点半才回家。

（昨晩姉は12時半にやっと家に帰って来た）

③我的工资一个月才二十万日元。

（私の給料は1ヶ月たった20万円だ）

④陈红才来日本半年，日语就说得很不错了。（陳紅さんは日本に来てわずか半年なのに、日本語はもうとてもうまくなった）

⑤那个问题太复杂了，今天才解决了。

（あの問題はとても複雑で、今日やっと解決した）

3．①这个临时工一个小时才九百日元，我不干。

②那个国家才两个人感染，就马上封城了。

③我四年才回一次国，他一年就回四次。

④他才喝了一点儿酒就醉了。

⑤那个孩子才五岁，就会唱很多英文歌了。

4．①九点上课，他十点才来。

②老师说了三遍，他好像才明白了。

③他才十二岁就取得了那个很难的资格。

④那件事他一直不说，不知道为什么昨天才说了。

⑤今天我十点才起床，上课迟到了。

第60课

1．①私はもうどうしようもないから、あなたに助けを求めるのだ。

②あなたは自ら彼にお願いしないと、彼は承諾してくれないよ。
③私は絶対に彼のでたらめの話を信じない。あなたもくれぐれも信じないで
④彼は入院した後、やっと健康の大切さがわかるようになった。
⑤奥さんと子供のために、彼は仕方がなく、全ての苦労を我慢して、ずっとよその地で働いている。

2. ①有李老师才有我的今天。
(李先生がいらっしゃるから、今日の私がいるのです)
②你有能力，将来才会有好工作。
(能力がない限り、将来はいい仕事がない)
③我今天是为了你才去求经理的。(私は今日あなたのために、仕方がなく社長にお願いに行ったよ)
④陈老师才不相信这件事是真的。
(陳先生はこのことが本当だなんて信じないでしょう)
⑤只有他来，一切才能解决。
(彼が来ないかぎり、全ては解決できない)

3. ①你要好好儿努力学习，才会有好结果。
②昨天下大雨，他才在家。
③她为了钱，才跟那个老人结婚的。
④我才不怕那些人。
⑤病完全好了，才能做自己喜欢的工作。

4. ①他说日语，我才明白了。
②只有多听课本的 CD，你的汉语才能进步。
③你要有 HSK 五级，才可以申请奖学金。
④我才不会受骗。
⑤这个才是好东西。

第61课

1. ①もう少し頑張って、諦めないでください。
②どんなに良い友達でも互いに尊敬すべきだ。

③私は毎日家に帰ったら、先にお風呂に入ってからごはんを食べます。
④また話を聞かないと、あなたのお母さんが怒るよ。
⑤気をつけるべきよ。もう騙されないで。

2. ①这个很好吃，我可以再吃一个吗?
(これはとてもおいしい。もう1個食べてもいいですか)
②你再不努力学习，你妈妈会很伤心的。
(もっと頑張って勉強しないと、お母さんが悲しむよ)
③那个问题我们回家再说吧。
(あの問題は家に帰ったら話しましょう)
④我们先去看电影再去买衣服吧。
(先に映画を見てから服を買いに行きましょう)
⑤再辛苦的工作我也不怕，我也要做。
(どんなに辛い仕事も怖くない。私はします)

3. ①结婚的事毕业后再说吧。
②妈，您已经说了很多遍了，我再也不想听了。
③你们的汉语已经很不错了，可是再努力努力。
④那个工作工资再高，他也不做。
⑤白天李明在打工。你晚上再给他打电话吧。

4. ①可以再给我一杯咖啡吗?
②我想再去那里一次。
③你再加油学习学习吧。
④你得小心，别再感冒了。
⑤再忙也得吃饭。

第62课

1. ①どうしてまた聞かないの？もう何遍も言ったよ。
②広島の夏は暑くて湿度が高い。
③今日田中さんはまた欠席した。すでに3日連続です。
④この机は何回拭いてもきれいにならない。

⑤来週の火曜日は、また父さんと母さんの結婚記念日です。2人にご馳走しましょう。

2. ①李伟又要打工，又要学习，非常忙。（李偉さんはバイトも勉強もしなければならないので、とても忙しい）

②刘健今天又迟到了，老师又批评他了。

（劉健さんは今日もまた遅刻した、先生はまた彼を叱った）

③这个菜又咸又辣又油，我不喜欢。（この料理は塩辛くて、またひりひりして、脂っこい、私は嫌いだ）

④我想了又想，还是不明白。

（何度も考えたが、やはりわからない）

⑤高田会说汉语，又会说英语、法语。（高田さんは中国語が話せるし、また英語もフランス語も話せる）

3. ①上田这个星期又没交作业。

②我爸爸昨天又去东京出差了。

③今天出门的时候，又忘了戴口罩了。

④我找了又找，还是没有。

⑤春天又快来了，樱花又要开了。

4. ①还有一个星期，又是新年了。

②我又忘了他的名字。

③北京又冷又干燥。

④昨天我等了又等，他还是没来。

⑤那儿又安静又漂亮，人又很少。

第63课

1. ①本当ですよ。あそこは本当にきれいだ。見に行くべきだ。

②ああ！生きていくのは本当に難しい！

③彼は本当に怒ったよ。もうこれ以上言わないで。

④時間が経つのは本当に早い。私達は卒業してもう10年になった。

⑤あのテレビドラマは本当にすごく面白い。あなたはちょっと見

るべきだ。

2. ①说真话真不容易。(本当のことを言うのは本当に難しい)

②真好，你写得真好。

(本当に素晴らしい、本当にうまく書いているよ)

③我真的没骗你，你可以去问李老师。

(本当にあなたを騙してないよ。李先生に聞いてもいいよ)

④你能帮助别人真了不起。我真的很高兴。

(あなたが人助けをするのは本当にすばらしい、私は本当にうれしい)

⑤真的，我今天真的非常累，我不想去。

(本当です。今日は本当にとても疲れている。行きたくない)

3. ①我觉得这件事真的很奇怪（/ 真奇怪)。

②他是真英雄，我真的很敬佩他（/ 真佩服他)。

③田中的汉语真的很好，真的很了不起（/ 真好，真了不起)。

④我真的没有钱，真的没骗你。

⑤今天真的很热，真的很想去游泳。

4. ①今天真的很冷（/ 真冷)，雪也下得真大。

②我真的很想去（/ 真想去）中国留学。

③我真的非常怕郭老师，所以真的努力学习了。

④这件事真的很麻烦（/ 真麻烦)，我真的不想做。

⑤广岛的夏天真的很热（/ 真热)，又很潮湿。

第64课

1. ①中山さんはお茶しか飲まない。コーヒーもジュースも飲まない。

②あの問題は王先生しか解決できない。

③今勉強したくない、本も読みたくない。ただ寝たいです。

④あのことを彼女はすでに知っているが、言わないだけです。

⑤私は日曜日だけ暇があるが、他の日はとても忙しい。

2. ①山中只是没有时间，不是没有钱。

(山中さんは時間がないだけで、お金がないのではない)

②我们班只有小川和小岛去过美国。(私達のクラスは小川さんと小島さんだけアメリカに行ったことがある)

③昨天我只学习了汉语，没学习英语。

(昨日私は中国語だけを勉強して、英語を勉強しなかった)

④你只能在这儿休息，不能抽烟。

(ここでは休むことができるだけで、タバコを吸ってはいけない)

⑤这个东西只是我的一点儿心意，请别客气。

(これはほんの気持ちです。どうぞ遠慮なさらないで)

3．①昨天参加会议的只有六个人。

②今天早饭我只喝了一杯牛奶。

③山中只学了两年汉语。

④他只是很忙，不是不想去。

⑤只有日本、中国和韩国用筷子吗?

4．①昨天只有一个外国人会说一点儿汉语。

②只有田中不知道，我们都知道。

③我们的老师只会说汉语，不会说日语。

④他只有十八岁，不能喝酒。

⑤他只吃日本菜，不吃中国菜。

第65课

1．①あなたはこんなに高いケータイも買った。

②あんなに重要な問題が１日で解決したのですか。

③私は彼にあんなことを言ってないよ。誤解しないで。

④これは公平ではないので、私は絶対にこのようにしない。

⑤あの仕事はこんなに複雑なので、私は受ける勇気がない。

2．①这么有意思的书，你怎么不看?

(こんな面白い本を、どうして読まないの？)

②今天有什么好事? 这么开心。

(今日は何かいいことがあるの？そんなによろこんでいるなんて)

③那时候，我没那么乐观，现在我很乐观了。(その時は私はそんな

に楽観的ではなかった、今はとても楽観的になった）

④你这么聪明，这么可爱，当然大家都喜欢你。（あなたはこんなに賢くて、可愛いので、当然みんなあなたのことが好きだよ）

⑤为什么你还这么傻，这么相信那个人？（なぜあなたはまだこんなに愚かなの、こんなにあの人を信じるの？）

3．①金钱和地位那么重要吗？

②你不能这么相信他。

③这么简单的道理他不可能不懂。

④那么难的问题他怎么解决的？

⑤今天顾客不那么多，不那么忙。

4．①汉语不这么容易。

②那么多人，什么事？

③我不那么笨。

④中国的空气不那么差。

⑤因为他那么说，所以我生气了。

第66课

1．①部屋をもう掃除した。

②彼の子供はもうハイハイができるようになった。

③私はもう5キロ痩せた。

④もう時間になりました。授業を終わりましょう。

⑤あなたはもう小学生ではないよ。自分でやりなさい。

2．①他已经十八岁了，是成年人了。

（彼はもう18歳になった、成人になりました）

②已经很暖和了，樱花已经开了。

（もうとても暖かくなって、桜はもう咲いた）

③小田已经不是二年级的学生了。

（小田さんはもう2年生ではなくなった）

④李明已经减肥了，现在已经不胖了。

（李明さんはもうダイエットして、今はもう太っていない）

⑤王老师病已经好了，已经出院了。

（王先生はもう病気が治って、すでに退院した）

3. ①田中已经来了，他在那儿等你。

②我已经给你发邮件了，你没收到吗？

③我们已经认识了，不用介绍了。

④这种电脑已经不贵了，大概五万日元能买。

⑤山下今年四月已经不是会长了。

4. ①中田已经是队长了。

②已经秋天了，还这么热。

③时间已经到了，我们走吧。

④网课已经普及了。

⑤他的感冒已经好了，已经去上班了。

第67课

1. ①お父さんはもうすぐ帰って来るよ。晩ごはんはもうできたの？

②家賃はもうすぐ上がるそうですが、私の給料はまだ上がってない。

③社長達の会議はもうすぐ終わりそうなので、もう少し待ってください。

④時間が経つのは本当に早い、もうすぐお正月になる。

⑤あなたはもうすぐ会社員になるので、髪の毛をもう染めてはいけない。

2. ①你快十八岁了，再过一个月就是成年人了。

（あなたはもうすぐ18歳になるよ。あと1ヶ月で成人になる）

②这几天很暖和，樱花快开了吧。

（この数日はとても暖かいので、桜はもうすぐ咲くでしょう）

③快下雪了，我们快回去吧。

（雪が降りそうなので、早く帰ろうよ）

④王明快是李英的老公了。

（王明さんはもうすぐ李英さんの夫になる）

⑤今天早上晒的衣服快干了。(今朝干した洗濯物はもうすぐ乾く)

3. ①田中老师快退休了。
②我觉得日元快涨了，你觉得呢?
③我们快见面了，真高兴。
④快四月了，还这么冷。
⑤他爷爷快八十岁了，还在工作呢。

4. ①上田快回日本了。
②快秋天了，还这么热。
③快九点了，你快起床。
④时间快到了，快交作业吧。
⑤我的感冒快好了，我们快能见面了。

第68课

1. ①この問題はちょっと頭が痛い、処理は難しい。
②この数日彼はちょっと機嫌が悪いようですが、何かあったの？
③状況がちょっとおかしいようなので、あなたは気をつけなければならない。
④あのパソコンは安くないが、これは少し安い。
⑤あなたはちょっと怖いのではないですか。怖がらないで、少し勇気を出して、大胆に話してください。

2. ①吃了这个药，我肚子好一点儿了。
(この薬を飲んだので、お腹が少しよくなった)
②我好像有点儿感冒了。(ちょっと風邪気味のようです)
③这个软件有点儿不安全，你别下载。
(このソフトはちょっと危ないので、ダウンロードしないで)
④我觉得田中今天有点儿奇怪。
(今日の田中さんは、ちょっと変だと思う)
⑤你明天能不能早点儿来学校?
(明日少し早めに学校に来られますか)

3. ①那个孩子有点儿害羞。

②我有点儿饿了，我们去吃饭吧。
③那儿有点儿危险，你别去吧。
④她有点儿急了，你快帮她吧。
⑤我有点儿不舒服，可以早点儿回去吗？

4．①我会说一点儿汉语。
②最近蔬菜有点儿贵了。
③那个便宜一点儿，我很高兴。
④我有点儿喜欢他。
⑤我有点儿害怕在网上买东西。

第69课

1．①北京から帰って来たばかりなので、この事を知らない。
②彼らは結婚したばかりなので、まだゆっくりハネムーンをしてないよ。
③家に着いたばかりです。どんな用ですか。
④彼は来て3日だけで、すぐ帰りました。
⑤さっき彼に電話したが出なかった。たぶん会議中だと思う。

2．①刚刚五个，不多也不少。
（ちょうど5個、多くもなく少なくもない）
②我们刚说李健的事，李健就来了。
（私達が李健さんの話をしたところに、彼が来た）
③大下刚才在那儿看书呢。现在可能上厕所吧。（大下さんはさっき、そこで本を読んでいたよ。今たぶんトイレに行ったかもしれない）
④我刚下班，马上打的去，你等一会儿。（仕事が終わったばかりで、すぐタクシーで行くから、少し待っててください）
⑤你的病刚好，别吃油腻的东西。（あなたは病気が治ったばかりなので、脂っこいものを食べないで）

3．①你刚吃了饭，别做激烈的运动。
②我的分数刚刚六十分，及格了。太幸运了。

③他们刚就职，社会经验还很浅。
④上个星期刚买的手机就不见了。
⑤刚才他在便利店买东西。

4．①他刚去中国的时候，不会说汉语。
②刚做的，菜还热呢。
③我去年刚大学毕业。
④昨天刚学的语法都忘了。
⑤我刚才在面包店买面包。

第70课

1．①人生には理解しにくい問題が多い、考えすぎないで。
② WeChat は LINE より使いやすいと思うが、あなたは？
③彼らとあまり遊ばないで、時間があったら、しっかり勉強してください。
④あの道は歩きにくい、この道のほうが歩きやすい。
⑤付き合いやすい人もいれば、付き合いにくい人もいる。

2．①你少批评孩子，应该多表扬。（あなたはあまり子供を叱らないようにして、たくさんほめるべきだ）
②你别多说了，我明白了。
（もうこれ以上話さないで、もうわかった）
③好人难做，平凡人也不好做。
（いい人になるのは難しい、平凡な人になるのも簡単ではない）
④少抽烟，多运动，身体一定会好的。（タバコを減らして、運動をたくさんしたら、身体はきっとよくなる）
⑤这种圆珠笔不好写，那种好写。（この種類のボールペンは書きやすくないが、あの種類は書きやすい）

3．①以前用的手机不好用，现在的好用。
②少吃肉，多吃菜，对身体很好。
③这个新产品好卖吗？
④我觉得这件事他很难明白。

⑤现在最好少出门，多在家锻炼身体。

4．①我要多说汉语。

②他觉得汉语好学。

③这个工作很难做。

④我要少说多听。

⑤我们要多问问题。

第71课

1．①早寝早起きは身体によい。遅く寝て遅く起きるのは体を壊す。

②早く来た人には賞品があり、遅く来た人は罰として立たされる。

③明日早めに会社に行かなければならないので、早めに起こしてください。

④早く走って、あと5分ある。間に合うかもしれない。

⑤焦らないで、ゆっくり方法を考えましょう。

2．①你快说，到底发生了什么事?

（早く言ってください。いったい何が起こったの？）

②李爷爷慢慢儿地给我们大家解释。

（李おじいちゃんはゆっくりとみんなに説明した）

③你为什么不早告诉我们?

（どうして早く私達に教えてくれなかったの？）

④今天我能早点儿回家吗?

（今日は少し早めに家に帰ってもいいですか）

⑤高桥每天都很早出门，很晚回来。

（高橋さんは毎日早く出かけて、遅く帰って来る）

3．①已经很晚了，快收拾行李，快点儿睡。

②这个问题你慢慢儿想吧。

③作业早交和晚交不一样。

④我希望他的病早点儿康复。

⑤你应该早点儿去医院检查。

4．①我今天要晚点儿去上班。

②明天你早点儿去买东西。

③我想早点儿接种疫苗。

④你在这儿慢慢儿休息一会儿。

⑤今天的交流会，我晚点儿出席可以吗？

参考文献

中国語：

1. 朱德熙《语法讲义》商务印书馆 1982
2. 吕叔湘《现代汉语八百词 增订本》商务印书馆 1999
3. 刘月华、潘文娱、故韡 等《实用现代汉语语法 增订本》商务印书馆 2001
4. 马真《简明实用汉语语法教程》北京大学出版社 1997
5. 马真《简明实用汉语语法教程 第二版》北京大学出版社 2015
6. 马真《现代汉语虚词研究方法论 修订本》商务印书馆 2016
7. 陆俭明《现代汉语语法研究教程 第五版》北京大学出版社 2019
8. 陆俭明、马真《现代汉语虚词散论 修订版》语文出版社 1999
9. 北京大学中文系 1955／1957 级语言班编《现代汉语虚词例释》商务印书馆 2010
10. 陆俭明主编 杨玉玲、应晨锦《现代汉语语法答问 上》北京大学出版社 2011
11. 陆俭明主编 杨玉玲《现代汉语语法答问 下》北京大学出版社 2011
12. 刘月华主编《趋向补语通释》北京语言文化大学出版社 1998

日本語：
1. 輿水優『中国語の語法の話』光生館 1985
2. 相原茂 他『中国語学習Ｑ＆Ａ 101』大修館書店 1991
3. 守屋宏則『やさしくくわしい 中国語文法の基礎』東方書店 1995
4. 丸尾誠『基礎から発展まで よくわかる中国語文法』アスク出版 2010
5. 丸尾誠『中級者の悩み解決！ピンポイント中国語文法』NHK 出版 2015
6. 郭春貴『誤用から学ぶ中国語』白帝社 2001
7. 郭春貴『誤用から学ぶ中国語 続編１』白帝社 2014
8. 郭春貴『誤用から学ぶ中国語 続編２』白帝社 2017
9. 郭春貴、徳永淳子、高橋海生『中国語作文 改訂版』白帝社 2000
10. 馬真、郭春貴『簡明中国語文法ポイント 100』白帝社 2001
11. 郭春貴『中国語検定対策３級・４級 文法編』白帝社 2005
12. 趙玲華『本気で学ぶ中国語作文』ベレ出版 2014

著者紹介

郭春貴（かく　はるき）

1986年東京大学大学院博士課程単位取得中退（中国語学専攻）。現在、広島修道大学名誉教授。2009年4月〜9月 NHKラジオ まいにち中国語講師。

主な著書

『誤用から学ぶ中国語』白帝社 2001／『中国語検定対策3級・4級　単語編』白帝社 2003／『中国語検定対策3級・4級　文法編』白帝社 2005／『中国語検定対策2級　リスニング編』白帝社 2008／『中国語検定対策2級　語彙編』白帝社 2009／『やさしく楽しい400語で学ぶ中国語入門』共著、白帝社 2011／『品詞別・例文で覚える　HSK　基本語彙　1級-4級』共著、白帝社 2012／『品詞別・例文で覚える　HSK 基本語彙　5級-6級』共著、白帝社 2013／『誤用から学ぶ中国語　続編1』白帝社 2014／『誤用から学ぶ中国語　続編2』白帝社 2017／『やさしく楽しい中級中国語』共著、白帝社 2017／『HSK成語用法』共著、白帝社 2018／『第2外国語中国語教育の諸問題』白帝社 2020

郭久美子（かく　くみこ）

1976年青山学院大学英文学科卒業、2000年広島大学大学院教育学研究科修士課程修了（日本語教育専攻）。現在広島大学、広島修道大学中国語非常勤講師、広島 YMCA 日本語非常勤講師。

著書・訳書

『娘とわたしの戦争』（葉広芩著）／『やさしく楽しい400語で学ぶ中国語入門』共著、白帝社 2011／『品詞別・例文で覚える　HSK　基本語彙　1級-4級』共著、白帝社 2012／『品詞別・例文で覚える　HSK 基本語彙　5級-6級』共著、白帝社 2013／『やさしく楽しい中級中国語』共著、白帝社 2017／『HSK成語用法』共著、白帝社 2018

●カバーデザイン：宇佐美佳子

作文から学ぶ中国語（上）

2022年11月1日　初版印刷
2022年11月10日　初版発行

著　者　郭春貴・郭久美子
発行者　佐藤和幸
発行所　白 帝 社
〒171-0014　東京都豊島区池袋2-65-1
TEL　03-3986-3271
FAX　03-3986-3272（営）
https://www.hakuteisha.co.jp

組版・印刷／倉敷印刷株式会社　　製本／㈱ティーケー出版印刷

Printed in Japan〈検印省略〉6914　　ISBN978-4-86398-539-1
＊定価はカバーに表示してあります。